你是能夠
運用邏輯來思考
的人嗎?

這裡準備了一些可以衡量這件事的好題目。
從下一頁開始,將介紹3題。
正確答案會在稍後統一解答,
請先嘗試思考看看。

這些問題的原始設計理念,是為了評估你
「在多大程度上依賴直覺判斷」,
又稱作「認知反應測試」。

這些問題連哈佛大學、耶魯大學等
世界頂尖名校的大學生
都只有17%的人能全數答對。

你能回答出正確答案嗎?

那麼,第一題如下。
請在5秒內思考看看這個問題。

原子筆和橡皮擦合計是110元。
原子筆比橡皮擦貴100元。

那麼,橡皮擦的價格是?

或許這題看起來有點簡單。
不過……

答案並不是「10元」。

接下來是第二題。
同樣請在5秒內思考看看。

4名員工上班4天,可生產4個商品。
請問100天生產100個相同的商品,

至少需要幾名員工?

或許有人直覺地認為:「大概是100人吧?」

但答案並不是「100人」。

最後一題。
同樣請在5秒內思考看看。

有一場活動,開始時觀眾只有1人,
但每過1分鐘就增加為2倍,
12分鐘後會場便座無虛席。
那麼,觀眾剛好佔據會場一半的時候,

是在開始後幾分鐘?

「12分鐘就全滿,那一半應該是6分鐘?」
或許很多人會這樣想。

但答案並不是「6分鐘後」。

若再繼續吊人胃口,恐怕會有讀者把書闔上不看了吧?
那麼,就讓我們進入解說時間。

第1題的答案

許多人會想成「原子筆100元,橡皮擦10元」,
但那樣的話,原子筆與橡皮擦的價差是90元。
要使差額成為100元,
就必須是「原子筆105元,橡皮擦5元」。

因此,答案是「5元」。

第2題的答案

「4個人花4天生產4個」的意思,
也就是「有4個人便能在1天生產1個」。
既然如此,4個人花100天就能生產100個。

因此,答案是「4個人」。

第3題的答案

由於觀眾「每1分鐘變成2倍」。
在12分鐘後會場會被坐滿的話,
會場的一半則是在前1分鐘。

因此,答案是「11分鐘後」。

你答對幾題呢？
如果全部都答對了，
那麼你大可為自己感到驕傲。

但即使沒有，也不需要感到沮喪。
無論多優秀的人，
有時還是會依賴直覺來下判斷。

這不僅限於解謎遊戲。
在現實社會面對複雜的問題時，
許多人都會停止思考，憑直覺做出判斷。

當然那並非指全部人，也有少數能夠答對這些問題的人，
那就是「能夠運用邏輯思考的人」。

**他們不會被直覺影響，也不會放棄思考，
他們習慣整理事實、俯瞰問題，
並根據邏輯推導出正確的答案。**

在日益複雜的現代社會，
這是一種必要的能力。

本書彙集了來自世界各地，
能夠自然培養出邏輯思考的問題，
並將其彙整成冊。
接下來就請你盡情地享受（挑戰）看看吧。

頭腦好的人才解得開的邏輯思考題

IQ to Great Work

野村裕之 —— 著

前言

從邏輯思考問題中獲得的「5種能力」

前面讓大家挑戰的3個提問，就是所謂的「邏輯思考題」。有時也被稱作「邏輯測驗」或「邏輯益智解謎」，自古以來就廣受世界各地的人們喜愛。其定義在每個地區不太相同，但大致上有以下幾個共通點：

<u>不需要特別的知識，</u>
<u>只要閱讀題目，並運用邏輯思維就能得出答案。</u>

換句話說，只要有「思考能力」，任何人都能解開這些問題。Google、Apple、Microsoft等世界知名企業，常會在徵人考試中提出這類問題，將其作為評量「優秀人才」的標準。
PayPal、OpenAI的共同創業者、有「超越賈伯斯的天才」美譽的彼得‧提爾（Peter Thiel），據說也很喜歡與夥伴們一起享受邏輯思考問題。

在我曾任職的廣告代理公司裡，邏輯思考題同樣深受歡迎。每週星期五晚上6點，我們都會舉辦彼此讚美的「Win-session」活動。在暖場的時間裡，我曾出過邏輯思考題考大家，結果反應

非常熱烈，大家都玩到忘了時間。值得一提的是當時的同事共有11人，其中6人如今擔任社長或CEO的職位。

為什麼「一流人才」會熱衷於解謎？

為什麼世界級「菁英」，都喜歡鑽研邏輯思考題呢？我想，並不只是因為他們喜歡解謎，而是因為解謎能鍛鍊當今社會所需的「最強技能」。

正如前文說的，只要有「思考能力」，就能解開邏輯思考題。事實上，題目中已包含了推導出正確答案所需的所有資訊。

然而，有時必須從眼前的資訊看出其他事實，或是對先入為主的觀念提出質疑，才能解決問題。換句話說，不能只憑直覺做判斷，而是必須「好好思考」。

知道別人不知道的事，或是擅長讀書學習固然很了不起，但是在如今這個每天都會出現新問題的時代，過去學到的知識或積累的學問，很快就會派不上用場了。

這樣的時代所需要的，是在面對前所未見的複雜問題時，不被直覺或常識牽著走，能夠冷靜地分析情勢，並依據邏輯做出正確判斷的「思考力」。具備這種能力的人，才可以被稱作現代的「聰明人」。

而所謂的邏輯思考題，正好考驗著這種「思考力」。因此，許多菁英**都將邏輯思考題當作最高級的智力訓練**。

就像本書開頭介紹的3個問題，「哈佛大與耶魯大的學生正確率只有17％」。可見就算學力再高，也不代表能擁有「好好思考的能力」。反過來說，只要提升這項能力，你也能勝過那些菁英。

彼得・杜拉克提倡的「10項技能」

讓我們來具體看看，透過邏輯思考題所能鍛鍊的能力。

各位是否曾聽過「概念性技能」（Conceptual Skill）這個詞彙呢？它指的是在面對各種事件時，能依照情況思考出最佳方案，並做出正確判斷的能力。

具體來說，包含以下10項能力。

10項概念性技能

① 邏輯思考　　⑥ 包容性

② 水平思考　　⑦ 知識好奇心

③ 批判性思考　⑧ 探究心

④ 多元視野　　⑨ 應用力

⑤ 靈活性　　　⑩ 俯瞰力

這些能力是哈佛大學教授羅伯特・卡茲（Robert L. Katz）在1950年代提出，之後被經營學大師彼得・杜拉克（Peter Ferdinand Drucker）納入其所提倡的組織模型中。

杜拉克認為，**不管是經營者、管理職，還是第一線員工，都需要「概念性技能」**。

闡述概念性技能的「杜拉克模型」

資料來源：Smart Company〈何謂概念性技能？如何提升及其構成要素的淺顯解說〉。

這雖然是歷史悠久的概念，但在充滿不確定因素與變化的現代，其重要性如今再次受到矚目。

在10項技能之中，相當於「思考力」的是「**邏輯思考**」、「**批判性思考**」、「**水平思考**」這3項，合稱為「三重思考能力」。

此外，「**俯瞰力**」及「**多元視野**」（本書中分別稱為「俯瞰思考」、「多元思考」）同樣不可或缺。

以上這5項就是解答「邏輯思考題」所需要的技能。就像鍛鍊肌肉一樣，只要在解題過程中反覆運用這5項技能，自然而然就能加以強化。

關於這5項能力的詳細內容，將於下一頁接著說明。

邏輯思考題所提升的「5項能力」

① 邏輯思考

能夠冷靜洞悉事實與訊息，整理出順序與規則，做出沒有矛盾的合理判斷。針對眼前看見的訊息思考「能從中推論出什麼」，藉此發現新的事實，或找到解決方案。

② 批判思考

對作為前提的訊息或直覺抱持疑問，並思考其本質的能力。面對當下的事實或課題，抱持「真的是這樣嗎」的態度檢視過程與各種要素，確認其邏輯性與矛盾點，找出真正的答案。

③ 水平思考

不受既有觀念、常識、刻板印象及過去案例所侷限，能以開放的視角自由想像。面對陷入僵局的問題，抱持「有沒有其他可能」的態度來思考，提出與以往不同的創新解決方案或突破之道。

④ 俯瞰思考

不被既有視野或細節束縛，藉由提升視野來掌握事物全貌的能力。思考「整件事到底是什麼狀況」，以俯瞰的廣闊視野來觀察情勢，注意到原先未曾發現的資訊或可能性，激發新的想法或解決方案。

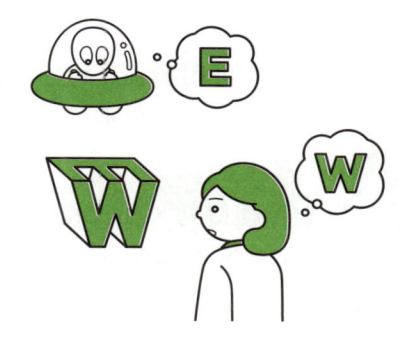

⑤ 多元思考

不侷限於單一觀點，從不同立場與角度等各種面向思考事物的能力。抱持「如果換個角度會怎麼樣」的心態來審視狀況，藉此獲取新的線索，發現隱藏的真相或被忽略的解決方案。

這5種力量，不僅能在解題時發揮威力，在商業領域中也可派上用場。

- 邏輯思考：可用於「簡報」時提出務實且具說服力的說明，或讓你在「解決問題」時思考出合適的解決方案。
- 批判思考：可用於關注現狀中的矛盾、疏漏、浪費等，達到「業務改善」之效，或發現未解決的課題以推動「事業開發」。
- 水平思考：可用於「開發全新商品或服務」，或為沒有前例的問題「擬定對策」。

- 俯瞰思考：可用於掌握市場動向，進行「行銷分析」，或透過理解定位來擬定「事業策略」。
- 多元思考：可用於在「銷售活動」中察知對方的想法，或把握自家形象進行「品牌塑造」。

基於以上種種優勢，杜拉克才會主張「所有商業人士都需要這5種能力」，全世界的菁英們也才會透過邏輯思考題來提升這些重要的能力。

只要「理解」就能變得更聰明

本書將依據這「5種能力」，介紹我從古今中外蒐集來的精選問題。
其中不會出現需要複雜數學計算，或是看著圖片回答的題型。我挑選的題目都集中在能培養「高泛用性的思考力」上。
換句話說，這些題目能讓你學會「思考的模式」。透過解題，在面對類似問題或狀況時，就能套用這種思考模式。

每一章節都會從簡單的題目開始，隨著頁數而逐漸提高難度。坦白說，書中也收錄了一些相當困難的問題。難度在普通以上的題目，一般人可能無法回答，我自己第一次看到時也答不出來。所以就算不會也完全不必在意。

「原來可以這樣想！」在閱讀解說時產生這樣的頓悟，才是最大的重點。多次嘗試並熟悉解答技巧，就能夠逐步建立起「好好思考」的思維迴路。
只要花心思投入，不僅在工作及經商上大有助益，也能在這充滿不確定性的時代中，自然而然地培養出生活所不可或缺的「思考

力」。我之所以能夠如此肯定，是因為我自己已深刻感受到這股力量。

邏輯思考問題改變了我的人生

不好意思現在才自我介紹，我是本書作者野村裕之。
現年35歲，在東京都的一家上市公司擔任網路行銷人員。在此之前，我曾任職廣告代理公司，從事的一直都是行銷相關的工作。從市場分析到目標客群設定、廣告製作與投放、活動策劃，有時甚至也涉足新事業開發，領域相當廣泛。
我既不是出身於名校，也沒有人人稱羨的特殊才能。我在重考三次後才考上大學，畢業後一進入職場就發現不合適，只撐了幾個月就離職。
之後一直靠打工過活，這種日子持續到了29歲。

對當時的我而言，唯一說得出口的個人特色，就是我喜歡「邏輯思考題」。
在辭去了大學畢業後的第一份正職工作，每天過得渾渾噩噩的那段日子裡，我想起了過去曾熱衷的「邏輯思考題」。再次被它的魅力所吸引的我，幾乎廢寢忘食地蒐集各種題目。把這些問題放到自己基於興趣而開設的部落格上，並加上解說，不知不覺間，該部落格每月最高瀏覽量已達70萬。

後來，某廣告代理公司注意到了這個部落格，派人與我聯繫，這才讓我這個對行銷一竅不通的29歲尼特族，有機會從事行銷工作。而我也幸運地在工作中創造了業績，將這份經驗延伸到後續的職涯上。
我之所以能在工作上取得成果，正是因為透過邏輯思考題培養

出來的「思考力」。在行銷工作中，邏輯思考題所培養的5種能力，為我帶來了以下助益：

> ▌ 邏輯思考：整理並分析各種調查數據，思考必要的應對策略。
> ▌ 批判思考：不盲目接受既有方法，隨時檢討更新行銷手法。
> ▌ 水平思考：陷入瓶頸時，拋開刻板印象和常識，創造新的做法。
> ▌ 俯瞰思考：面對眾多廣告手法、目標客群、投放位置、內容等選擇時，能從全局出發，選出最優解。
> ▌ 多面思考：不偏限於自己的觀點，從使用者或其他人的各種角度思考事情。

本書所要鍛鍊的思考力，或許不像某些工作技巧或案例研究那樣，能直接、快速產生立竿見影的效果。然而，在變化極為迅速的現代，那些立刻派上用場的東西，很快就會被時代給淘汰。與之相比，「思考力」無論在任何時代都能夠成為支撐自己的終生財產。

所有的問題都是「解謎」

「邏輯」就像照亮黑暗的光。我由衷這麼認為。即便是看似天方夜譚的難題，只要朝著那漆黑的深處，將邏輯這道光照過去，就會看見一絲線索。沿著那絲線索繼續前行，再往前方照去，又能看見下一個線索。如此反覆下去，最終就能到達目的地。邏輯對我來說，就是「照亮黑暗、讓人繼續前進的武器」。

「現實世界的轉動並不依循邏輯。」我相信一定有人會這麼認為。就連看似講求邏輯的商業世界，也難免受到人情義理的影響。然而，有時正是因為大家過度糾結於「不符合邏輯的部分」，才使得問題變得更加複雜。

在顧問業界，有一本被譽為「解決問題的經典著作」，那就是《你想通了嗎？解決問題之前你該思考的6件事》（Are Your Lights On?）。在這本書中，有這麼一段話：<u>傳統上，多數人所說的「解決問題」，其實大多是一種益智解謎遊戲</u>。

換句話說，解決現實世界中發生的問題，與解謎在本質上並沒有不同。<u>是「問題很複雜」這種先入為主的情感或思維，導致人們忽略了「邏輯」，反而讓問題變得更加複雜</u>。
想要排除那些隱蔽邏輯的障礙，將問題化繁為簡，並不是件簡單的事。因此我們才需要鍛鍊「邏輯思考能力」。

最後我想說一句「無關邏輯」的話

到目前為止，我一直是依循「邏輯」說明本書的魅力，但最後我要說一句無關邏輯的話：「<u>邏輯思考問題真的超有趣！</u>」

一瞥見題目，心裡大罵「這種問題，鬼才知道答案」。讀起解說時，那種逐漸接近答案時的興奮感，宛如在<u>閱讀推理小說</u>。揭開謎底的瞬間，那股爽快感更是令人拍案叫絕。

所以，請大家懷著輕鬆的心情閱讀吧。
如果能對各位讀者「思考力」的提升有絲毫幫助，我身為作者深感榮幸。

野村裕之

前言 ——————————————— 8

第 1 章 | 只有會邏輯思考的人才解得開的問題

1　推導出沒有矛盾的真相 ——————————— 27
　　「三個村民」★☆☆☆☆

2　運用邏輯的力量察覺盲點 ————————— 31
　　「三種調味料」★☆☆☆☆

3　從僅有的一則訊息看穿真相 ———————— 34
　　「只有一個人的證詞」★☆☆☆☆

4　找到隱藏的提示 ——————————————— 37
　　「10次猜拳」★★☆☆☆

5　整理看似雜亂的訊息 ———————————— 40
　　「複雜的一星期」★★☆☆☆

6　從不完整的訊息中發現真相 ———————— 43
　　「業務員大賽的參賽公司數」★★☆☆☆

7　找到思考的切入點 —————————————— 46
　　「桌球比賽的結果」★★★☆☆

8　翻轉再翻轉 —————————————————— 50
　　「通往天堂之路」★★★☆☆

9　將事實抽象化 ————————————————— 55
　　「50%的帽子」★★★☆☆

| 10 | 簡化多種可能性 ———————————— 58
「33％的帽子」★★★★☆

| 11 | 找出規律的破解法 ———————————— 63
「薛丁格的貓」★★★★★

| 12 | 邏輯思考的極致 ———————————— 69
「通往天堂的階梯」★★★★★＋★★

第 2 章｜懂得批判思考的人　才解得開的問題

| 1 | 對現狀提出懷疑 ———————————— 77
「消失的1000元」★☆☆☆☆

| 2 | 想事情不能先認定結論 ———————————— 80
「世界上最簡單的問題」★☆☆☆

| 3 | 發現直覺的陷阱 ———————————— 83
「第二次賽跑」★☆☆☆☆

| 4 | 拋開對自己的論證有利的刻板印象 ———————————— 86
「逆風的飛機」★★☆☆☆

| 5 | 發現思考的盲點 ———————————— 90
「船隻擦身而過之謎」★★☆☆☆

| 6 | 看穿「％」的陷阱 ———————————— 93
「200個產品」★★☆☆☆

| 7 | 視覺化思維 ———————————— 96
「某國的生育計畫」★★★☆☆

8 看穿「數字」的陷阱 ——————————— 99
　　「不可思議的加薪」 ★★★☆☆

9 看穿「機率」的陷阱 ——————————— 103
　　「白色球的箱子」 ★★★☆☆

10 發現隱藏的可能性 ——————————— 108
　　「三張卡片」 ★★★★☆

11 考慮所有可能的情況 ——————————— 111
　　「25匹賽馬」 ★★★★☆

12 看穿藏在「證明」中的陷阱 ——————— 116
　　「四張卡片」 ★★★★☆

13 看穿暗藏的策略 ——————————— 120
　　「三腳督選戰」 ★★★★★

14 懷疑一切的勇氣 ——————————— 127
　　「老實人與騙子之島」 ★★★★★＋★★

第 3 章　只有會水平思考的人才解得開的問題

1 保持思緒的靈活 ——————————— 139
　　「熊是什麼顏色？」 ★☆☆☆☆

2 拋開先入為主的思維 ——————————— 142
　　「兩炷香」 ★☆☆☆☆

| 3 | 察覺真正該解決的「根本原因」 ── 145
「四艘小船」★☆☆☆☆ |

| 4 | 逆向思考的能力 ── 148
「龜速賽馬」★★☆☆☆ |

| 5 | 善用「限制」來協助想像 ── 151
「橫越沙漠」★★☆☆☆ |

| 6 | 擺脫狹隘視野 ── 155
「天平與9枚金幣」★★★☆☆ |

| 7 | 留意「隱藏的部分」 ── 158
「26張鈔票」★★★☆☆ |

| 8 | 改變「思維」激發想像力 ── 161
「白球與黑球交換」★★★☆☆ |

| 9 | 察覺「根本問題」 ── 164
「17頭牛」★★★★☆ |

| 10 | 不受狀況束縛地思考 ── 167
「10枚硬幣」★★★★☆ |

| 11 | 激發思維跳脫的最佳策略 ── 171
「一堆偽幣」★★★★★ |

| 12 | 放棄可能性的勇氣 ── 175
「郵寄寶石」★★★★★ |

| 13 | 將各種訊息轉化為水平思考的養分 ── 179
「投票結果的計算」★★★★★＋★★★ |

第 4 章 ｜ 掌握俯瞰思考的人　才解得開的問題

1 冷靜地俯瞰局勢 ——————————— 187
「3個水果箱」★☆☆☆☆

2 找出所有必須俯瞰的選項 ——————— 191
「72猜年齡」★☆☆☆☆

3 看穿隱藏的事實 ——————————— 196
「沒發現的錯字」★★☆☆☆

4 橫跨時間俯瞰狀況 ————————— 200
「異國餐廳」★★★☆☆

5 洞悉隱藏在局面中的規律 ——————— 206
「2張卡片」★★★☆☆

6 找出縮小選擇範圍的線索 ——————— 210
「10人交換名片」★★★☆☆

7 洞悉局面所代表的意義 ———————— 216
「紅藍標記」★★★★☆

8 冷靜判斷自己的職責 ————————— 222
「3人的蘋果」★★★★☆

9 俯瞰他人的意圖 ——————————— 229
「有密碼鎖的房間」★★★★☆

10 俯瞰過量的訊息 —————————— 235
「7名嫌疑人」★★★★★

| 11 | 從稀少的線索俯瞰全貌 ——————————— 243
「不為人知的循環賽」 ★★★★

| 12 | 在黑暗的思緒中摸索前進 ——————————— 249
「不為人知的運動會」 ★★★★+★★

第 5 章｜學會多元思考的人 才解得開的問題

| 1 | 切換視角的思維模式 ——————————— 261
「臉上沾到泥巴的2人」 ★☆☆☆☆

| 2 | 揣測他人的想法 ——————————— 264
「頭髮凌亂的3人」 ★☆☆☆

| 3 | 看穿行動背後的意義 ——————————— 267
「樓梯上的帽子」 ★☆☆☆

| 4 | 預見未來的發展 ——————————— 270
「3人槍戰」 ★★☆☆

| 5 | 改變思考方向 ——————————— 273
「討厭人群的酒吧」 ★★★☆☆

| 6 | 巧妙引導他人，創造理想結局 ——————————— 279
「瓜分金幣」 ★★★★☆

| 7 | 讓自己成為「最後贏家」的長期策略 ——————————— 285
「薪水投票」 ★★★★☆

| 8 | 預先設想「假如」的「假如」 ——————————— 291
「8枚郵票」 ★★★★☆

9 | 看穿言語背後的真正意圖 ———————— 297
  「查理的生日」★ ★ ★ ★ ☆

10 | 預判數個階段之後的他人思路 ———————— 303
   「龍之島」★ ★ ★ ★ ★

11 | 打破無理可推的困境 ———————— 309
   「不可能解答的數字解謎」★ ★ ★ ★ ★

12 | 在複雜的「互相預判」中脫穎而出 ———————— 316
   「1000片餅乾」★ ★ ★ ★ ★ ＋ ★ ★

第 6 章｜最初的邂逅：讓我大受感動的問題

將所有的邏輯思維發揮至淋漓盡致 ———————— 331
「石像之室」★ ★ ★ ★ ★ ＋ ★ ★ ★ ★

結　語 ———————— 342
參 考 文 獻 ———————— 350

第 1 章

擅長
邏輯思考
的人

才解得開的問題

有系統地彙整事物，
根據從中得到的資訊，進行合理思考，
這就是所謂的邏輯思考。
在英文裡被稱作「Logical Thinking」。

在談及邏輯思考時，
「雲、雨、傘」是最常被引用的例子。
「雲變多了，可能會下雨，所以帶傘」。
觀察現狀，並根據由此推得的訊息來做出判斷。

頭腦好的人絕不會用「差不多、好像是」
的心態來判斷一件事。
正因為現代社會充滿了高度不確定性，
所以更要重視看穿事實及邏輯思考的能力。
這點看似理所當然，卻是所有思考的基礎。
本章將介紹12道考驗這種邏輯思考的題目。

推導出沒有矛盾的真相

難易度 ★☆☆☆☆

為了掌握邏輯思考的感覺，先來試試邏輯思考問題中最經典的題目吧。

邏輯思考 1

第 1 章 邏輯思考

三個村民

你的面前出現三個村民。
其中一個是天使，一個是惡魔，一個是人類。
天使一定說真話，惡魔一定說謊話，
人類則隨機說真話或謊話。

三個村民（A、B、C）分別這麼說：

A：我不是**天使**。
B：我不是**惡魔**。
C：我不是**人類**。

你猜得出這三個村民各自的真實身分嗎？

解說 題目中出現「總是說真話的天使」與「總是說謊的惡魔」，這種題型統稱為「天使與惡魔的謎題」。類似的題型五花八門，有許多不同的變化，這次的題目是最簡單的版本。難度相當低，就連小學生都能解答，所以不提供提示。讓我們逐一剖析每個人所說的話，以及其特徵。

先從假設開始

「只能老老實實地逐一推敲每個人的身分嗎⋯⋯」「好麻煩啊⋯⋯」看了題目後，可能有人會冒出這樣的想法。
很遺憾，<u>就是要這麼做</u>。邏輯思考並不是能在瞬間解決一切的魔法，而是能夠逐步引導出正確答案的武器。
因此，邏輯思考的基本模式是：

<u>重複「如果○○的話⋯⋯」這種假設與加以驗證。</u>

在本書的第1題，請先掌握這個要領吧。
思考時需要假設「如果A是天使」、「如果A是惡魔」、「如果B是○○」、「如果C是○○」，然後把出現矛盾的假設排除。

當然以上只是基本原則，不過這個問題稍微複雜一點，因為多了一個「人類」。
由於「人類」有可能說真話，也有可能說謊，他說的話難以當作線索，我們只能透過排除法來找出「人類」。
所以，建議先從言詞始終一致的天使或惡魔著手思考。

第一人的真實身分是？

先假設 A 是天使。
若是如此，A 所說「我不是天使」就屬於「真話」。
既然是真話，那 A 就「不是天使」⋯⋯
把 A 假設為天使時，和 A 的發言出現矛盾了。
因此 A 不可能是天使。

那麼，A 是惡魔嗎？
若是如此，A 所說「我不是天使」就屬於「謊話」。
既然是謊話，那 A 就「是天使」⋯⋯
把 A 假設為惡魔時，同樣和 A 的發言產生矛盾。
由此可知，A 也不可能是惡魔。
可能的答案只剩一個。

A 是「人類」。

第二人的真實身分⋯⋯？

接著來思考 B 的身分。
若 B 是天使，「我不是惡魔」就是「真話」。在這裡並沒有與假設產生矛盾。
那麼，若 B 是惡魔呢？
「我不是惡魔」就是「謊話」，因此 B 的身分確實是惡魔。這裡也沒有和假設產生矛盾。由此可知⋯⋯

B 有可能是天使，也可能是惡魔，目前還無法確定。

第三人的真實身分

由於無法確定B，接著來考慮C。

假設C是天使，那麼「我不是人類」這句話即為「真話」，與「C是天使」這項假設並不衝突。

若假設C是惡魔，「我不是人類」就成了「謊話」，所以C是人類，這會與「C是惡魔」的假設產生矛盾。

因此，C只能是「天使」。

最後剩下的B則是「惡魔」。

> **答案** ｜ A：人類　B：惡魔　C：天使

總結 雖然這道題目非常簡單，但它蘊含了「透過假設進行思考，推導出沒有矛盾的真相」這個邏輯思考的精髓。從已知的事實開始思考，逐一確認邏輯是否能夠成立，這就是邏輯思考的基礎概念。此外，在這道題目中，先排除「不確定身分的人物」也是要點之一。能否辨別「不確定的資訊」，在邏輯思考中極為重要，請務必牢記。

POINT

- 以已知訊息為線索進行思考，是「邏輯思考」的基本原則。
- 逐一建立假設，並思考其邏輯是否成立。

運用邏輯的力量
察覺盲點

難易度 ★☆☆☆☆

邏輯思考 —— 2

透過「邏輯思考」，能發現**原先所忽略的真相**。接下來要來思考一道帶了點陷阱的問題。

第 1 章　邏輯思考

三種調味料

三個人一起吃飯，
名字分別叫鹽先生、胡椒先生、砂糖先生。
其中一人注意到這件事：
「我們各自都拿著鹽、胡椒、砂糖。」

拿著鹽的人接著說：
「沒有人拿到跟自己名字一樣的調味料！」

接著砂糖先生說：「請把砂糖遞給我！」
最先注意到這件事的人，手上並沒有拿著砂糖。

請問，胡椒先生拿的是什麼？

解說 這道題看似簡單，其實相當複雜。要推導出正確答案，需要先找出這三句話到底是誰說的。我們以這三句發言為線索，依序假設「如果○○是△△，會怎麼樣？」來進行思考。

最先注意到的是「鹽先生」嗎？

依照順序，從「最先注意到這件事的人」開始假設。
題目末段提到「最先注意到的人並沒有拿著砂糖」，所以最先注意到的人手上拿的不是鹽就是胡椒。
如果這個人是鹽先生，會怎麼樣？
基於「所有人拿的調味料，都與自己的名字不同」這個前提，鹽先生手上拿的應該是胡椒。

接著思考下一名說話者「拿著鹽的人」究竟是誰。
既然拿著鹽，不是砂糖先生就是胡椒先生。
不過緊接著說話的人是砂糖先生，所以第二位說話者「拿著鹽的人」應該是胡椒先生。

推導到這裡，出現了問題。
如果以上都成立，最後剩下的砂糖先生就會拿著砂糖，這和前提發生矛盾。
因此這個假設不可能成立。

最先注意到的是「胡椒先生」嗎？

接著我們假設「最先注意到這件事的人」是胡椒先生。
由於第二位說話者是「拿著鹽的人」，所以第一位說話者拿的不是砂糖就是胡椒。

根據「拿著的調味料與自己名字不同」這個前提，假設最先說話的人是胡椒先生，那麼，他拿的應該是砂糖。
但是題目中提到「最先注意到的人並沒有拿著砂糖」，這裡也產生矛盾。

剩下的組合

由前面的假設可得知，「最先注意到的人」是鹽先生或胡椒先生均會造成矛盾，因此可推斷「最先注意到的人」是砂糖先生。
砂糖先生拿的調味料不是鹽就是胡椒，而因為有人拿著鹽並回應了他的話，可見砂糖先生拿的是胡椒。

第二位說話者「拿著鹽的人」既然不是鹽先生，也不是砂糖先生，因此可判定是胡椒先生。
最後剩下的就是鹽先生手上拿著砂糖，這組合並沒有產生矛盾。

答案 ｜ 胡椒先生拿的是「鹽」

總結 由於最後說話的人是砂糖先生，容易讓人先入為主地以為最先說話者不可能是他，但題目中並沒有明確指出這一點。唯有透過逐一檢驗三位說話者的發言，才能發現原先無意識中排除的選項是真相。

POINT
- 我們往往會擅自認定「題目裡沒寫的事」。
- 透過邏輯思考，可以打破這種思維盲點。

邏輯思考 3

從僅有的一則訊息看穿真相

難易度 ★☆☆☆☆

到目前為止,我們都是透過好幾句話來判斷答案。如果**線索只剩下一條**,是否仍能推導出真相呢?

只有一個人的證詞

公司的公款遭到某人竊取。

員工A說:「竊賊是B!」
員工B與C也說話了,但聲音被掩蓋掉了。

經過事後調查,大家得知兩件事:
「竊賊是A、B、C之中的某一人」、
「只有竊賊說了真話」。
請問,竊賊是誰?

解說 乍看之下，這道題目好像跟常見的「從當事人的發言找出竊賊」相似，然而，此題唯一明確知道的只有A的發言，至於B與C說了什麼，題目並沒有提供任何訊息。這樣的情況會讓人覺得線索不足，似乎無法解題。但透過邏輯思考，仍舊能推導出答案，這正是此題的有趣之處。

從已知事實中推導其他線索

題目提供的條件，讓我們知道以下兩點：

「竊賊是A、B、C當中的某一人」、
「只有竊賊說了真話」。

在思考訊息量稀少的問題時，有個基本原則，那就是：**從已知事實中推導其他線索**。
比如在這道題目中，由「只有竊賊說了真話」這項提示，我們可以得知：

> 清白者都說了謊。

把這種隱藏規則用文字清楚表達出來，之後會很有幫助。

尋找「矛盾」

接下來就像「三個村民」那道題目一樣，針對每個人「若是竊賊」、「若是無辜」進行假設，查看會不會出現矛盾。
由於只有A的發言是已知的，所以先從A「若是竊賊」開始假設。
假設A是竊賊。此時，根據「只有竊賊說了真話」的條件，A所

說的「竊賊是B」即為真話。
但這樣就會變成A與B兩人都是竊賊，與「竊賊是A、B、C之中的某一人」這項條件相互矛盾。
因此A不可能是竊賊。

接著請回想先前所提及的隱藏規則「清白者都說了謊」。
如今，我們已經確認A是清白者，那麼，A所說的「竊賊是B」就是謊話。
A是清白者，B也不是竊賊。
所以竊賊是C。

| 答案 | 竊賊是C |

總結 這一題的重點在於能否從「只有竊賊說了真話」這項提示，推導出「清白者都說了謊」這個隱藏條件。即便只是一條線索，只要思考「能從中得知什麼」，就可以發現新的事實。雖然只有A一人的發言，但卻能判斷三人之中誰是竊賊，十分有趣，也頗具挑戰性。

POINT
- 只要改變看訊息的觀點，就能從單一訊息中得到更多線索。
- 思考條件的相反情況，有時能發現新的條件。

找到隱藏的提示

邏輯思考 4

難易度 ★★☆☆☆

我們並不見得總能獲得「某人的發言」這種明顯的提示。例如這一題，你能不能找出隱藏的線索呢？

10次猜拳

A與B兩人進行了10次猜拳。

A的紀錄是石頭3次、剪刀6次、布1次。
B的紀錄是石頭2次、剪刀4次、布4次。

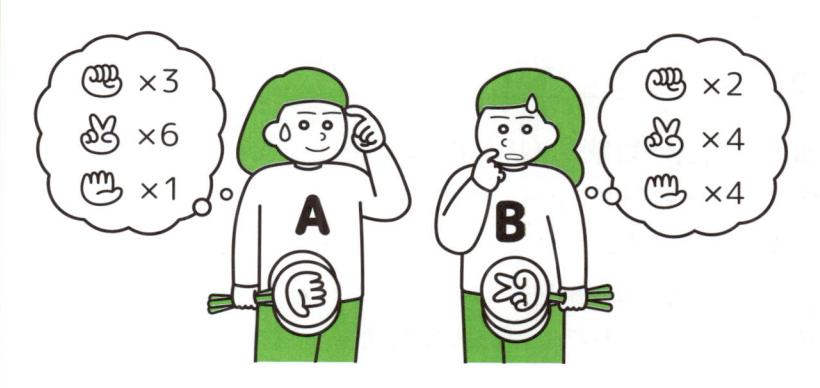

✊×3
✌×6
🖐×1

✊×2
✌×4
🖐×4

這十局之中從未出現平手。
兩人猜拳猜得太入迷，
已經不記得紀錄的先後順序。

請問誰贏的次數比較多？

第 1 章 邏輯思考

解說 一開始可能完全看不出該從哪裡開始推導。能否看出隱藏在題目中的一大重點，正是本題的解答關鍵。

找出題目中未明說的提示

本題的關鍵在於是否能找出「隱藏的提示」。
那個提示隱含在這句話中：「從未出現平手」。

由此可以推導出一個條件，那就是對手每次都出與自己不同的拳，也就是：

> 當A出石頭時，B一定出剪刀或布。
> 當A出剪刀時，B一定出石頭或布。
> 當A出布時，B一定出石頭或剪刀。

注意「出拳次數」

如今我們已經知道A出某拳時，B可能出的拳。
例如當A出石頭時，B一定出剪刀或布。
A出石頭的次數是3次。這3次中，B可能是「3次都出剪刀」，或「1次出剪刀、2次出布」，或「2次出剪刀、1次出布」，或「3次都出布」。但如果要一一分析每種情況，實在太麻煩了……

事實上，有個更簡單的方法。
我們不必明確知道B每一次出的是什麼，只要留意某個可以確定雙方輸贏次數的組合就能直接找出答案。而這組合是……
A所出的拳與B「可能出的拳」次數相同時的組合。

A出的剪刀共有6次，B所出的石頭加布合計也有6次。換句話說，在A出剪刀的6次對局中，B必定是2次出石頭、4次出布。
於是，我們可以知道A在這6局的成績就是4勝2敗。

勝負結果自然浮現

現在，我們已經知道B在出石頭及布時的全部勝負結果。
剩下4局，B出的都是「剪刀」，而A在剩下的4局中，出過石頭3次、布1次。
由此可知，這4局的成績是A贏3次、輸1次。
最終總計A以7勝3敗勝出。

答案 | **贏的次數較多的是A**

總結 關鍵提示就是題目中看似輕描淡寫的一句「從未出現平手」。由此推得「對方一定出與自己不同的拳」，再進一步發現「A所出的剪刀次數與B的石頭、布總次數一致」。藉由思考「從已知訊息中還能推論出什麼」，便能看穿先前未曾發現的真相。

POINT
- 即使看似毫無用處的訊息，只要思考「還能從中推論出什麼」，就能找到解決的線索。

邏輯思考 5

整理看似雜亂的訊息

難易度 ★★☆☆☆

在上一題，我們透過勝負的訊息來尋找線索。這一題我們來嘗試看看，如果訊息本身很零碎，應該從何處著手比較好呢？

「複雜的一星期」

A、B、C、D、E、F、G共七人正在談論星期幾的問題。

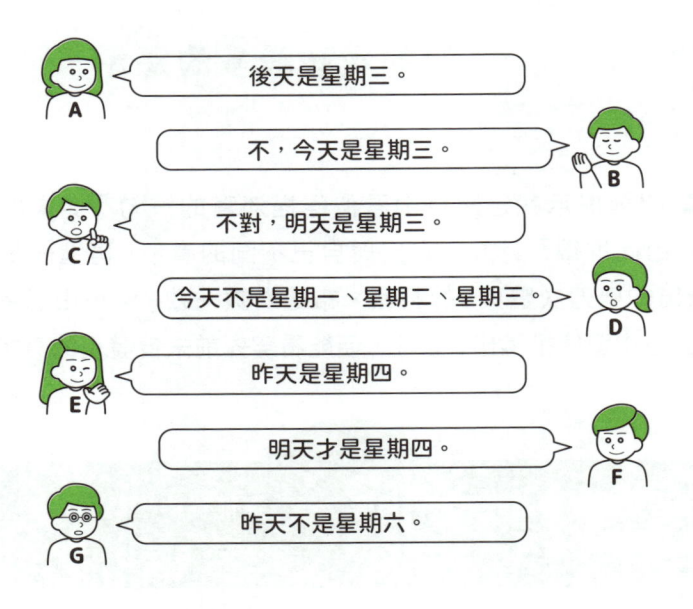

- A：後天是星期三。
- B：不，今天是星期三。
- C：不對，明天是星期三。
- D：今天不是星期一、星期二、星期三。
- E：昨天是星期四。
- F：明天才是星期四。
- G：昨天不是星期六。

七人當中，只有一個人說了真話。
請問今天是星期幾？

解說 面對雜亂又零碎的訊息,首先應該從何處下手?其實這題本身難度不算高,只要冷靜運用邏輯就能解開。

首先要統一基準

每個人你一言我一語,光想就讓人頭痛。
面對這類基準或表達方式非常雜亂的訊息,第一步就是:
先統一基準。

A:「後天是星期三。」
B:「今天是星期三。」
C:「明天是星期三。」
D:「今天不是星期一、星期二、星期三。」
E:「昨天是星期四。」
F:「明天是星期四。」
G:「昨天不是星期六。」

題目問的是「今天是星期幾」。
因此,我們先將七個人說的話全部轉換成以「今天」為基準。

> A:「今天是星期一。」
> B:「今天是星期三。」
> C:「今天是星期二。」
> D:「今天是星期四、星期五、星期六或星期日。」
> E:「今天是星期五。」
> F:「今天是星期三。」
> G:「今天是星期一、星期二、星期三、星期四、星期五、星期六其中之一。」

推導出新的線索

藉由統一基準,我們可以發現,在七人的發言中,**大多數的星期(幾)都出現了兩次以上**。

然而,七人之中只有一人說的是真話。

舉例來說,如果「今天是星期一」是正確的,那麼A和G說的都是真話,便與「只有一人說了真話」的條件互相矛盾。

換句話說,**被兩人以上提到的星期(幾)都不會是正確答案**。

在七人關於「今天是星期幾」的發言裡,只有一人提到,也就是僅出現一次的星期(幾)才是正確答案。

唯一只出現一次的星期(幾),**就是星期日**。

| 答案 | 今天是星期日 |

總結 此道題目讓我們意識到「整理雜亂訊息」的重要性,這個觀念在工作中也相當實用。我自己也曾多次遇過「整個會議亂成一團,每個人都有不同意見,但整理後才發現其實只有一個核心問題」的情況。先統一前提和基準,就能大幅減少工作量⋯⋯好恨自己知道得太晚了(哭)。

POINT

- 當已知訊息的性質太過零碎時,首先應考慮是否能統一至相同的基準。

從不完整的訊息中發現真相

邏輯思考

6

難易度 ★★☆☆☆

藉由整理與驗證訊息,進而推導出其他事實。明白了這個原則之後,哪怕線索乍看之下少得可憐,也能抽取出**超乎想像的豐富線索**。

業務員大賽的參賽公司數

全國業務員話術大賽剛落幕。
這場比賽每家公司都必須派出3位員工參賽。
你的公司派出A、B、C,名次分別如下:

A:名次剛好在所有參加者的正中間

B:比A的名次低,第19名

C:第28名

請問有多少家公司參加了這場比賽?

解說 雖然題目給予的訊息相當不完整，看起來似乎很難解答。不過不用擔心，只要仔細思考已知的訊息，就能找到解決之道。

透過「不同角度」檢視已知訊息

如果看不出任何解決問題的線索，不妨試著像「10次猜拳」那題那樣，改變事實的觀察角度，試著找出新的訊息。

首先留意A的比賽名次。A正好排在所有參賽者的正中間。
由此得知，這場比賽有「正中間」這個名次。
所以參賽人數必須是奇數。

> 參賽者若為5人（奇數）→第3名是「正中間」
> 參賽者若為6人（偶數）→不存在「正中間」

再者，每家公司皆派3人參賽，因此參賽人數必須同時符合「奇數」與「3的倍數」這兩個條件。

從B的名次可以推知的線索

接著留意B的名次。
B是「比A的名次低，第19名」。
換句話說，「正中間的名次（A的名次）」一定要高於第19名。

然而A不可能是第18名。
因為如果第18名是正中間，參賽總人數會是35人，但35不是「3的倍數」，這與「每家公司都派3人參賽」的條件互相矛盾。

換句話說，A的最差可能名次是第17名。
因此**最多可能參賽人數為33人**。
這符合先前提過的「奇數且是3的倍數」這項條件。
相反地，**最少可能參賽人數則是21人**。
這是由於B是第19名，可以確定參賽人數必定超過19名，且是「3的倍數」，所以是21。

從C的名次可以推知的線索

最後，我們來看看C的名次。C是第28名。
已知參賽人數是「奇數且是3的倍數（3、9……27、33、39等等）」，因此參賽人數不可能28人。
大於28且符合此條件的最小數字是33。
換句話說，**參賽人數至少有33人**。
再與先前「最多可能參賽人數為33人」的條件相結合，可得知**參賽人數只有在「33人」時符合條件**。
每家公司參賽者皆為3人。因此共有**11家**公司參賽。

| 答案 | 參賽的公司數為11家 |

總結 這種根據線索來推敲順序的題目，在新進員工的招聘測驗中也經常出現。重新理解既有的訊息及進行條件篩選，確實是商務人士必備的思維模式。

POINT
- 就算已知的訊息不夠完整，只要從不同角度重新檢視每一句話，就能推導出新的事實。

第1章 邏輯思考

邏輯思考 7

找到思考的切入點

難易度 ★★★☆☆

憑藉少量訊息,就能看穿事情的全貌。為了進一步鍛鍊這種思維,讓我們來挑戰難度稍高的題目吧。

桌球比賽的結果

A、B、C共三人,
輪流進行桌球單打賽。
規則如下:
「贏家能繼續比賽下一場」、
「輸家與等候者互換,下一場無法上場」。

所有比賽結束後,
三人的總出賽次數如下。

A 合計10場   B 合計15場   C 合計17場

請問第2場比賽的輸家是誰?

解說 題目只知道三人各自的總出賽次數，結果卻問「第2場比賽」的勝負結果，你一定覺得很莫名其妙吧？難度雖標示為「普通」，但其實有點挑戰性。不過，只要找到最初的切入點，後續就能順水推舟地推導出答案了。

提示1 從三人的總出賽次數，可再推導出更多線索。
提示2 不知從何處下手的話，就先試著求「最大值」及「最小值」。
提示3 由於A的出賽次數是某個數字，所以剛好能夠解開這題。

已知全部的「比賽總數」

我們按部就班來思考看看吧。
唯一可確定的線索，是三人各自的總出賽次數。
顯然我們必須從這裡再推導出其他脈絡。

我們試著把三人的出賽次數加總看看：
「10 + 15 + 17 = 42」。

<u>一時之間，你可能以為進行了42場比賽，但那是錯的。</u>

由於單打比賽是一對一，每場有兩人上場，一場比賽會被計算成2次。因此「42 ÷ 2 = 21」才是總共進行的比賽場數。
由此可知，共舉行了21場桌球比賽。

能實現的最大及最小出賽次數

到目前為止，我們知道總比賽場數是21場，且「三人的出賽次數並不相同」。但光憑這些訊息還不夠。

當無法看出線索時……**先嘗試求出上限與下限的數值，或許就能看出端倪**。

先來思考參加者中某人能達成的「最多出賽次數」。
這個很簡單，就是從第1場比賽就出場，並且場場獲勝。
換句話說，我們可以得知：
21場便是「理論上可能達到的最多出賽次數」。

那麼，「理論上可能的最少出賽次數」又是多少呢？
要達成最少出賽次數，就必須「每次都輸」。每次輸了之後，下一場就無法出賽，就能以最少的出賽次數比到第21場。

「每次都必須輸掉比賽」的意思就是例如第1場上場、第2場休息、第3場上場……如此循環下去。

> 從第1場參加並全敗時的出場場次為：
> 1、3、5、7、9、11、13、15、17、19、21（共11場）。

> 從第2場參加並全敗時的出場場次為：
> 2、4、6、8、10、12、14、16、18、20（共10場）。

以上就是最少出賽者的所有比賽場次。
由此可知，理論上可能的最少出賽次數是「10場」。
唯有在每次都輸掉比賽的情況下，才能達成這樣的結果。

A的出賽次數就是10場

我們已知理論上可能的最少出賽次數，以及在這種情況下的每

場戰績。

解釋到這裡，相信你已經發現了：

三人之中，有一人剛好參加了10場比賽。

換句話說，出賽次數只有10場的A，正好符合這種情況。這代表A在每一次比賽都輸了。

題目詢問的是「第2場比賽的敗者是誰」。

A若要達成只出賽10場，就必須在第2場才開始上場，而且全程都輸球的情況下才能成立。

由此可知，第2場比賽的敗者就是A。

答案 | 第2場比賽的敗者是A

總結 「先嘗試求出最大值與最小值」是常見的解題手法。我在工作中，面對隱含各種可能性的問題時，也習慣先確認「必須思考的範圍」（雖然實務上不見得能確實做到……）。若你覺得「這一題還不夠難」，建議可以挑戰後面的進階問題「不為人知的運動會」（P.249），相信一定不會讓你失望。

POINT

- 思考找不到頭緒時，不妨先從「最大」、「最小」等極端情形開始思考。

邏輯思考 8

翻轉再翻轉

難易度 ★★★☆☆

在理解了邏輯思考的基礎後，讓我們感受一下更強大的邏輯威力。這是一開始介紹的「三個村民」的進階版題目。

通往天堂之路

你面前有一條岔路。
其中一條通往天堂，另一條通往地獄。

岔路口站著兩名守衛。
他們分別是「總是說真話的天使」與「總是說謊的惡魔」，
但外表無法分辨誰是天使、誰是惡魔。

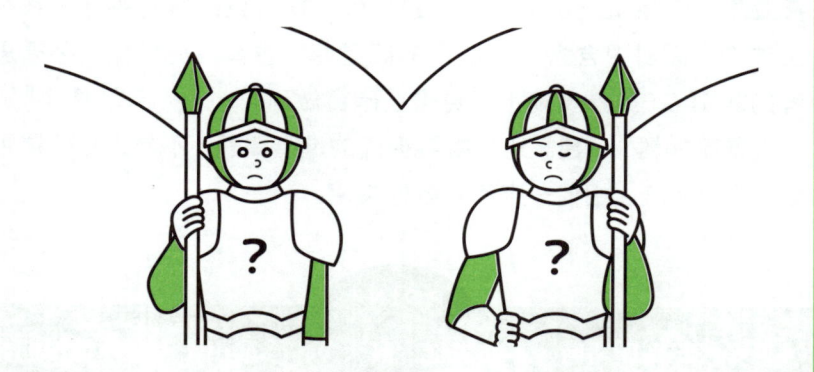

你只能向其中一人提出1個問題，
而且必須是只能以「Yes」或「No」回答的問題。

**要問什麼問題，
才能確定哪條路通往天堂呢？**

解說 乍看之下,似乎可沿用「三個村民」的解題邏輯,但事實並非如此。你只能發問1次,而對方可能是天使,亦可能是惡魔。在無法確定對方身分的情況下,就算發問了,也不知道能否得到有意義的回答……像這樣的題目,正需要邏輯的力量。這一題考驗的是純粹的邏輯力,靈感與創意在這裡完全派不上用場。

提示1 不需要分辨誰是天使、誰是惡魔。
提示2 必須提出「不論對方是天使或惡魔,都能確定得知天堂之路」的問題。
提示3 $(-1) \times (-1) = 1$

「反面」的反面就是「正面」

你不知道對方是天使還是惡魔。
而且只能問1次問題。透過邏輯思考可以得出這樣的結論:
你必須提出1個不論對方的身分是天使或惡魔,都能得到正確答案的問題。

這是唯一的辦法。
「真的有這種問題嗎?」你或許會這麼懷疑。
答案是有的。
但你需要「雙重提問」的技巧。

具體來說,就是:

> 「如果我問你『●●●?』,你會回答『▲▲▲』嗎?」

這種形式的問題。

這句話裡雖然有兩個「？」，卻只算是一個問題。
透過這種問法，我們可以得知：

> 若問到的是天使時，就像「1×1＝1」
> 若問到的是惡魔時，就像「(-1)×(-1)＝1」

結果都能讓你得到相同答案。
這是此類問題的基本解法，請務必記住。

讓惡魔也能說出真話的方法

只要活用這種「雙重提問」，就能解答這一題。你可以指著其中一條路，問一名守衛：

> 如果我問你『這條路是通往天堂的路嗎？』，你會回答『Yes』嗎？」

這就是最佳問題。
若對方是天使，回答會如下：

你的問題	若這條路通往天堂時的回答	若這條路通往地獄時的回答
「這條路是通往天堂的路嗎？」	Yes	No
你會回答Yes嗎？	Yes	No

得到「Yes」時就走剛剛指的路，得到「No」時就走另一條路，即可到達天堂。以上應該沒有任何問題。

關鍵在於如果對方是惡魔時，會怎麼回答？
讓我們以相同方式整理。

你的問題	若這條路通往天堂時的回答	若這條路通往地獄時的回答
「這條路是通往天堂的路嗎？」	No	Yes
你會回答Yes嗎？	Yes	No

請注意惡魔在回答第2個問題時的思考過程。
若你指的路真的是天堂之路，那麼問「這條路是通往天堂的路嗎？」時，惡魔會回答「No」。
但是到了第2個問題「如果我這樣問，你會回答Yes嗎？」，**惡魔又要說謊一次，所以會回答「Yes」**。

另一個情況，若這條路其實通往地獄，我們也可以用同樣的邏輯來推想。
問「這條路是通往天堂的路嗎？」時，惡魔會回答「Yes」。但是到了「如果我這樣問，你會回答Yes嗎？」的時候，惡魔會再說謊一次，因此會回答「No」。

換句話說，即使問的是惡魔，情況仍然相同。聽到「Yes」就選該條路，聽到「No」就選另一條路，最終都能通往天堂。

天使與惡魔的回答相同

問完問題之後，你依然不知道對方究竟是天使還是惡魔。
但是請仔細看天使與惡魔的回答結果。

無論是天使還是惡魔，只要對方回答「Yes」，就代表這條路是天堂之路；若回答「No」，則代表另一條才是天堂之路。

如此一來，你就能憑藉1次提問，確定哪條路通往天堂了。

> **答案**　「如果我問你『這條路是通往天堂的路嗎？』，你會回答『Yes』嗎？」

總結　可憐的惡魔，因為重複說謊2次，反而說出了真相。雖然「哪一名守衛是天使、哪一名是惡魔」到最後仍無法確定，但只要採用這種方法，就能知道通往天堂的道路。同樣的一句提問，卻能讓誠實者與騙子都給出一樣的回答，這就是邏輯的奧妙所在。像這種「雙重提問」的技巧在後續的題目中也會出現，建議大家記在心裡。

POINT

- 「如果我問你『●●●？』，你會回答『▲▲▲』嗎？」這種雙重提問方式，能讓騙子也說出真話。

將事實抽象化

邏輯思考
9

難易度 ★★★☆☆

前面的幾道題，我們都是透過從不同角度觀察事實，因而獲取了線索，可以把它稱之為一種「橫向思維」。其實除了橫向之外，還有其他的思維模式，你能做到嗎？

50％的帽子

A與B分別戴上帽子，相對而坐。
兩人都看不見自己的帽子，但能看到對方的帽子。
兩人無法交談。

帽子的顏色不是紅色就是藍色。
可能一紅一藍，也可能兩人都是紅色，或兩人都是藍色。

兩人必須同時說出「自己帽子的顏色」。
只要兩人之中，至少有一人說得正確就算過關。
兩人在戴帽子之前可以先討論策略。
兩人該採取什麼樣的策略，才能保證一定過關？

第 1 章　邏輯思考

解説 「猜自己頭上帽子的顏色」在邏輯思考問題中是常見的題型。其用意在於考驗「在特定條件下，透過觀察對方的狀況來掌握自身情況」的思維。

在這一題中，如果兩人彼此能交談，當然就能輕鬆知道答案。然而在無法溝通的情況下，事前的策略就顯得非常重要。而此題最大的關鍵，在於「只要兩人之中，有一人猜對就行了」。

嘗試將組合抽象化

A與B的帽子顏色組合，可能是「紅紅」、「紅藍」或「藍藍」，共有3種組合。

如果只有2種組合，只要兩人各說1種，就能確保必定至少有一人答對。但組合有3種時，兩人無法同時說出3種組合。**像這種情況，若嘗試將組合抽象化，或許有機會讓組合的數量減少。**

讓我們來思考看看吧。

其實，「紅紅」、「紅藍」和「藍藍」這3種組合，可以歸納為**「兩人顏色相同」及「兩人顏色不同」**。

如此一來，就能把組合縮減為2種。

依照組合擬定策略

把結果歸納為2種後，接下來就很簡單。只要A與B各自負責其中1種情況，必定會有一人答對。

例如，A假設「兩人戴的帽子顏色相同」，B假設「兩人戴的帽子顏色不同」，各自根據自己的假設說出答案。

> A說出與對方帽子「相同的顏色」。
> B說出與對方帽子「不同的顏色」。

這就是兩人應該採取的策略。
讓我們實際驗證一下，這個策略是否真能奏效。
假設A戴紅帽、B戴藍帽。根據剛才的策略：

> A會回答「藍（與B的帽子同色）」。←錯誤
> B也回答「藍（與A的帽子不同色）」。←正確

那麼，如果A和B都戴紅帽時會怎麼樣？

> A會回答「紅（與B的帽子同色）」。←正確
> B會回答「藍（與A的帽子不同色）」。←錯誤

經過實證，這個策略能確保「兩人之中至少有一人」能正確猜出自己帽子的顏色。

答案 ｜ 一人說出「與對方帽子相同的顏色」，另一人說出「與對方帽子不同的顏色」。

總結 當可供選擇的選項很多時，若能提升抽象層次，將所有狀況歸納為較少的模式，或許有助於訂定較簡單的有效對策。由於這次是將結果抽象化為2種模式，因此，兩人剛好可以輕鬆應付。當然，這還不是最困難的題目，呵呵……

POINT

- 若能提高現狀的抽象化程度，也就是採取「縱向思維」，往往就能看出不同狀況的共通點，或大幅縮減可能的狀況。

邏輯思考 10

簡化多種可能性

難易度 ★★★☆

現在你應該已掌握了提升抽象化程度的思維方式。讓我們嘗試更高難度的題目吧。

33％的帽子

A、B、C戴上帽子，圍在一起坐著。
每個人都看不見自己的帽子，但能看到其他兩人的帽子。
而且三人彼此無法交談。

帽子的顏色可能是「紅」、「藍」、「白」，
但不清楚各種顏色的數量。
例如，有可能三人都戴紅帽，也有可能三人戴的顏色都不同。

三人必須同時說出「自己帽子的顏色」。
只要三人之中，至少有一人說得正確就算過關。
三人在戴帽子之前可以先討論策略。

三人該採取什麼樣的策略，才能保證一定過關？

解說 這題是剛才的「50％的帽子」的進階版。不過，解法可不一定相同。參加者變成三人後，需要不同的策略……

提示1 把帽子的組合數量歸納為「3種組合」。
提示2 嘗試將帽子顏色「替換為其他事物」。

如何將組合數量抽象化成3種組合

這一題第一次看到時，真的會讓人不知所措。

「若A戴白帽、B戴藍帽、C又戴藍帽……」
光是列舉各種可能性，就已經腦袋亂成一團。
A、B、C共三人，各有3種可能的顏色，所以有3×3×3＝27種組合。細分下去根本沒完沒了。

這時，應該要想辦法「限定模式」。回想一下剛才「50％的帽子」的解說。
我們將「紅紅」、「紅藍」、「藍藍」3種組合，抽象化成「兩人同色」或「兩人不同色」2種模式。
透過這樣的做法，兩人就能各自針對不同模式說出相應的答案。

同樣的道理，在本題中，若能把三人帽子的顏色組合抽象化成「3種模式」，那麼，三人只要各自對應其中一個模式來回答，就能確保至少有一人答對。
問題是該用什麼方式加以抽象化呢？

將帽子顏色轉換成「某種事物」

把27種組合抽象化成3個模式……
如果採用「50％的帽子」時的方式來抽象化，會得到什麼樣的結果？
「全部都是同色」「全部都是不同色」「只有A不同色」「只有B不同色」「只有C不同色」……不管怎麼想，至少也會有5種模式。
該怎麼辦才好呢？
結論就是……**把帽子顏色換成數字**。

這麼一來，狀況就會變得更簡單。
現在我們試著將帽子顏色對應成以下數字：

> 紅＝0　藍＝1　白＝2

這麼一來，三人帽子顏色的「數字總合」除以3，就只會出現「餘數0」、「餘數1」、「餘數2」這3種情況。

舉例來說，若三人的帽子是「紅、藍、白」，對應數字總和是3。
3除以3的「餘數是0」。
若3人的帽子是「藍、藍、白」，對應數字總和是4。
4除以3的「餘數是1」。
換句話說，把三人帽子的所有組合，抽象化為除以3之後，就會得到以下3種模式：

> ・餘數0　・餘數1　・餘數2

決定各自要說的顏色

成功把組合限定為3種模式，接下來就簡單了。
只要事先三人討論好，分別負責其中3種模式的「正確解答」就可以了。

A：看了另外兩人的帽子之後，說出一個顏色，使「三人總和值除以3的餘數＝0」
B：看了另外兩人的帽子之後，說出一個顏色，使「三人總和值除以3的餘數＝1」
C：看了另外兩人的帽子之後，說出一個顏色，使「三人總和值除以3的餘數＝2」

這樣一來，不管三頂帽子是什麼組合，都能保證三人之中必定有一人答對。

驗證看看

假設三人的帽子狀況如下：

A的帽子：藍
B的帽子：藍
C的帽子：白

根據事先定好的規則，把帽子顏色變更為數字，將得到：

A：藍＝1
B：藍＝1
C：白＝2

以下則是三人的思考過程。

> A：要讓「總和值除以3的餘數＝0」
> 「B加C的數值是3，想讓3人總和除以3的餘數＝0，我就回答紅（0）」←錯誤
>
> B：要讓「總和值除以3的餘數＝1」
> 「A加C的數值是3，想讓總和除以3的餘數＝1，我就回答藍（1）」←正確
>
> C：要讓「總和值除以3的餘數＝2」
> 「A加B的數值是2，想讓總和除以3的餘數＝2，我就回答紅（0）」←錯誤

如此一來，至少會有一人正確猜到自己的帽子顏色。

> **答案** ｜ 將帽子顏色轉為數字後，
> 三人各自宣告以下顏色：
> 「總和值除以3的餘數＝0的帽子顏色」
> 「總和值除以3的餘數＝1的帽子顏色」
> 「總和值除以3的餘數＝2的帽子顏色」

總結 坦白說，能自行想出「把顏色轉換成數字」這方法的人應該很少。不過在邏輯思考問題中，這招偶爾會派上用場。把抽象概念或不易統計的訊息轉換成其他事物，就比較方便進行對比，也更能用單一方式處理。這種「替換思維」是一種非常方便的手法，建議牢記下來。

POINT
- 透過將訊息替換成數字等其他形式，可以有效進行整理。
- 數字所能內含的訊息量較少，便於進行精簡化。

找出規律的破解法

邏輯思考
11

難易度 ★★★★★

只要擁有歸納現狀並推導出真相的思考力，就能在看似混沌的狀況中找出規律。讓我們挑戰這個**世界知名的難題**吧。

薛丁格的貓

有五個箱子，上面分別標有編號1～5。
依照1、2、3、4、5的順序排成一排。
其中一個箱子裡藏著一隻貓，
貓每天晚上必定會移動到相鄰的箱子，
當早晨到來時，你只能檢查一個箱子，
確認裡面是否有貓。

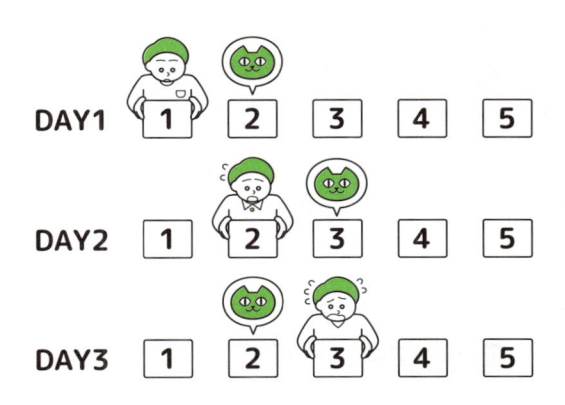

DAY1　1　2　3　4　5

DAY2　1　2　3　4　5

DAY3　1　2　3　4　5

要怎麼做，才能百分之百找到貓在哪個箱子呢？

第1章　邏輯思考

解說 ……簡直像是不可能的任務。貓每天移動一次,而你每天只能檢查一個箱子。就算依照順序檢查,也可能發生「昨天檢查完的箱子,今天貓剛好跑進去」的情況,或是「貓不斷在未檢查的箱子間來回移動」的情況。如果要思考所有可能的情況,簡直是沒完沒了。難道就只能無止境地和貓咪玩躲貓貓嗎?

提示1 先嘗試設想「簡化的案例」。
提示2 注意貓移動的「模式」。

「貓的動向」其實很單純

假設第一天你檢查了箱子1,結果沒有貓,或許貓躲在箱子2,隔天卻跑到箱子1。

就算第一天和第二天都檢查箱子1,貓也可能依照「3→2→1」的順序,在第三天時移動到箱子1。

只要稍微思考一下,就會發現這個問題非常棘手。

但也不是完全無法破解。

關鍵就在於「檢查某箱子,貓不在裡面」這條訊息,本身就隱含非常重要的線索。

因為這個線索可以幫助我們縮小「可能有貓的箱子」的範圍。

沒錯,這題雖然看起來相當複雜,但貓的移動方式其實受到相當大的限制。

面對複雜問題的三種策略

面對複雜的問題時,我們可以採取以下三種策略。

① 假設
② 簡化
③ 情況區分

「假設」的策略，我們已經用過很多次。
例如第一天檢查了箱子1，如果沒發現貓，就假設「貓可能在箱子2」。
可是在這題中，因為有五個箱子，光靠一一假設所有可能性，難度會非常高。
這時就需要第二項策略，也就是「簡化」。
例如先將題目簡化成「如果只有三個箱子」的情況。
如果只有三個箱子，應該怎麼找貓呢？

最好的做法，是在第一天先檢查箱子2。
如果「沒有貓」，便可推知「貓不是在箱子1，就是在箱子3」。
既然如此，第二天再檢查箱子2，貓一定在裡頭。
因為前一天貓不管是在1還是3，隔天晚上都必定會移動到相鄰的箱子2。
所以只要第二天再檢查一次箱子2，絕對能找到貓。

只有三個箱子，這道問題頓時變得非常簡單。
那麼，五個箱子的情況下又該怎麼辦呢？

這時就可運用第三種方法，也就是「情況區分」。在面對多種可能性時，可以先「分成幾種情況來思考」。
先前「帽子」那兩道題目所做的模式區分，其實也是這個道理。
在這一題中，雖然貓可能藏的箱子共有五個，但如果進行「情況區分」的話，就相當於⋯⋯**把箱子區分為「偶數箱」及「奇數箱」兩大類**。

透過情況區分，可能的情況就會變得簡單得多。
這樣一來，也就更容易進行「假設」了。

接下來，我們將針對每種情況來研擬對策。

第一天貓在「偶數」箱子的情況

先假設第一天貓躲在「偶數」箱子裡。

> ● 第一天：
> 貓可能在2或4，所以先檢查2號箱。
> 若2號箱有貓，就結束；
> 若2號箱沒有貓，則貓在4號箱。
>
> ● 第二天：
> 檢查3號箱。若在4號箱的貓在第二天移動到3號箱，就能在這天找到。
> 但如果貓從4號箱移動到5號箱，則3號箱裡沒有貓。
>
> ● 第三天：
> 檢查4號箱。
> 既然第2天仍沒找到貓，就表示貓一定在5號箱，所以第三天牠只能移動到4號箱。

這樣就能找到貓了！
換句話說，如果貓第一天在「偶數箱（2或4）」裡，那麼，可以依序檢查：

> 「2→3→4」

最晚到第三天就能找到貓了。

第1天貓在「奇數」箱子的情況

接下來考慮第一天貓躲在「奇數」箱子的情況。
這邊不用太複雜思考，只要依照前面的「如果貓在偶數箱」那套策略：

> 第一天檢查2號箱→第二天檢查3號箱→第三天檢查4號箱

如果到第三天都沒找到貓（也就是貓第一天是在「奇數箱」），那麼**到了第四天，貓一定在「偶數箱」**。
這個只要想一下就能明白，如果貓第一天是在「偶數箱」，到了第三天一定能找到。既然沒找到，就表示貓第一天是在「奇數箱（1或3或5）」。
在這樣的情況下，三天檢查結束時，貓也會待在「奇數箱（1或3或5）」裡。因為牠的移動路徑是「第一天：奇數箱」→「第二天：偶數箱」→「第三天：奇數箱」。

換句話說，**到了第四天，貓必然躲在「偶數箱（2或4）」**。於是就能套用「貓在偶數箱」的策略。

> 第4天檢查2號箱→第5天檢查3號箱→第6天檢查4號箱

加上前面的三天，最晚在第六天就能找到貓。

> 「2」→「3」→「4」→「2」→「3」→「4」

另外，由於五個箱子具備對稱性，所以順序反過來也行。
例如「4」→「3」→「2」也能成功。

「2」→「3」→「4」→「2」→「3」→「4」
「2」→「3」→「4」→「4」→「3」→「2」
「4」→「3」→「2」→「2」→「3」→「4」
「4」→「3」→「2」→「4」→「3」→「2」

以上四種都是能保證找到貓的檢查順序。

答案 按照「2」→「3」→「4」→「2」→「3」→「4」的順序檢查，最晚在第六天就能百分之百找到貓。

總結 這題算是相當棘手，幸好貓的移動有規律性，只要掌握規律就能解開。老實說，現實世界的貓其實更難對付。順帶一提，據說這道題目曾出現在Google、Microsoft等國際IT大廠的徵人測驗中。正因他們的工作需要處理複雜問題，才會注重「能夠看穿規律、簡化思考」的能力吧。

POINT

- 在面對複雜問題時的基本原則是「假設」、「簡化」及「情況區分」。先從簡單情況開始思考，往往能找到解決的辦法。

邏輯思考的極致

邏輯思考
—
12

難易度 ★★★★★ + ★★

本章的最後一題,雖然和先前的「通往天堂之路」很相似,但**有一個重大差異**。請運用前面所學到的所有邏輯思考,來挑戰這道超高難度的問題。

通往天堂的階梯

你的面前有兩座階梯。
其中一座通往天堂,另一座通往地獄。
階梯前站著三名守衛。

他們分別可能是「總是說真話的天使」、「總是說謊的惡魔」、「有時說真話、有時說謊話的人類」,
但從外表無法分辨。

這三名守衛只能回答「Yes」或「No」。
你可以對其中一名守衛問問題,
總共可以提問2次,可以選擇不同的守衛。
**該如何詢問,
才能確切知道哪座階梯通往天堂呢?**
對了,這三名守衛都知道彼此的真實身分。

第 1 章 邏輯思考

解說 題目的設定和要求的目標都很簡單。讓問題變得極度困難的，是那個時而說真話、時而說謊的「人類」。在本章的第1題中就已經碰到過的角色，如今再度成為阻礙。只要稍微思索一下，相信你一定也會發現「人類」有多麼棘手。要解開這題，恐怕需要相當高明的創新思維。

提示1 天使、惡魔、人類的身分無須逐一確認。
提示2 第1次提問對象與第2次提問對象不同。
提示3 如果沒有「人類」這個角色，情況就和前面第8題的「通往天堂之路」相同。

「人類」真的很討厭

這題和之前解過的「通往天堂之路」（P.50）很像，只是守衛增加至三人。
然而，問題不在於人數。**因為最大的麻煩是「人類」。**

若對方只可能是天使或惡魔，利用「如果我問你『●●●？』，你會回答『YES』嗎？」這種雙重提問，就能設計出正確答案。問題是人類可以任意地說真話或謊話。

換句話說，如果問到的是人類，雙重提問中的第1個問題也許會得到「真話」，第2個問題也許會得到「謊話」。

因此從「人類」的回答中無法獲得任何有效訊息，也無助於解決問題。
雙重提問對「人類」無效。
那該怎麼辦呢？

首先該做的事

這道題目隱含了兩個「未知數」。

> ① 不知道誰是人類。
> ② 不知道哪座階梯通往天堂。

既然「人類」的回答沒有任何參考價值,若不先解開第一個未知數,要破解第二個未知數幾乎不可能。
好在你可以詢問兩次問題。
因此,**在第 1 次提問時,應該先找出「至少不是人類」的守衛**。
不過三名守衛只能回答「Yes」或「No」,直接問「誰是人類?」是沒有用的。
所以第 1 個問題應該是:

> 「如果我問你『○○○是人類嗎?』,你會回答『Yes』嗎?」

以下我們來看看各種可能的情況。

第 1 次提問

第 1 次提問,不管問誰都可以。
畢竟從外表無法分辨,只能隨便選一人來問。
假設三名守衛分別是 A、B、C,那麼,第 1 次就向 A 提問。
你問 A:

> 「如果我問你『B 是人類嗎?』,你會回答『Yes』嗎?」

先來看看A是「天使」的情況，以及A是「惡魔」的情況，各自會得到什麼樣的答案。

A是天使

你的提問	B是人類	B是惡魔
「B是人類嗎？」	Yes	No
你會回答Yes嗎？	Yes	No

答案是「Yes」時，代表「B是人類」；答案是「No」時，代表「B是惡魔」。

A是惡魔

你的提問	B是人類	B是天使
「B是人類嗎？」	No	Yes
你會回答Yes嗎？	Yes	No

答案是「Yes」時，代表「B是人類」；答案是「No」時，代表「B是天使」。

換句話說，無論A是天使還是惡魔，只要A回答「Yes」，就表示「B是人類」。如此一來，我們就知道C不是人類。
於是第2次的提問便應該要問C。
「第2次提問為什麼不能再問A？」或許有人會這麼想，這稍後會解釋原因。

反過來說，如果A的回答是「No」呢？

此時，至少我們可以確定B並非人類。因此，第2次的提問就該問B。

如果A自己就是人類呢？

以上，我們說明了如何鎖定一名「並非人類」的對象。不過可能有人會擔心：

> 「若A自己就是人類，那回答不就毫無意義了嗎？」

確實，若A是人類，他的回答本身就沒有參考價值。
正因如此，不管A的回答是「Yes」還是「No」，**第2次提問都一定要向A以外的人**。

假如A是人類，第1次的回答確實完全不可信賴，但只要第2次去問另一人，就能達成「向非人類的對象提問」的目的。
如此一來，就能確定第2次的提問對象「不是人類」。

第2次提問

到了這個階段，接下來的步驟就和「通往天堂之路」相同了。
你指著其中一座階梯，對B或C（確定不是人類）的守衛問：

> 「如果我問你『這座階梯通往天堂嗎？』，你會回答Yes嗎？」

不管對方是天使還是惡魔，「Yes」就代表這座階梯通往天堂，「No」就代表是另一座階梯。

答案

將三名守衛分別標記為A、B、C。
先對A提問:「如果我問你『B是人類嗎?』,你會回答Yes嗎?」
如果A的回答是「Yes」,則第2次改問C;
如果A的回答是「No」,則第2次改問B。
第2次提問時,指著其中一座階梯,問守衛:「如果我問你『這座階梯通往天堂嗎?』,你會回答Yes嗎?」
若他回答「Yes」,代表這座階梯通往天堂;
若回答「No」,
則另一座階梯才是天堂之路。

總結 先前在第8題「通往天堂之路」中用到的技巧,是利用「否定」加上「否定」最後推導出「真相」。這一題雖然大同小異,但多了「人類」角色,難度大幅提升。只要先排除「人類」這個干擾因素,剩下就能輕鬆解決。這一題可說是將雙重提問再疊加一次的極致應用,充分體現了邏輯思考的巔峰。

POINT

- 不能只是思考「該怎麼做才能找出答案」,還要想一想「到底是什麼造成了阻礙」。找出並排除那個因素,就能讓問題變得簡單。

第 2 章

懂得
批判思考
的人

才解得開的問題

對於表面上看似正確的解釋或邏輯，
要學會反問：「真的是如此嗎？」
這就是批判思考。
在英文裡稱為「Critical Thinking」。

我在前文說明邏輯思考時，
曾使用「雲、雨、傘」來舉例，
這裡我就再舉一次相同的例子。
所謂的批判思考，
指的就是提出以下這樣的懷疑：
「真的能說『有雲就會下雨』嗎？」
「除了雲之外，是否還有需要注意的地方？」
當然，不能只是懷疑，還必須加以驗證才行。

我們的大腦其實不太可靠，
經常因數字詭計或直覺陷阱而受騙上當。
聰明人會懷疑、反省，並冷靜地作出判斷。
本章將介紹14道題目，考驗這樣的批判思考力。

對現狀提出懷疑

批判思考 1

難易度 ★☆☆☆☆

批判思考的意思,就是對現狀提出懷疑。讓我們先從一道很有名的問題開始,看看能否**注意到其中的不合理之處**。

消失的1000元

你和兩名同事一起入住飯店。
住宿費一人1萬元,總計3萬元,一起交給了櫃檯人員。
後來櫃檯人員發現,若三人一起住宿,
房費應為2萬5千元,於是打算退還5千元。

然而,櫃檯人員想到「5千元無法三人平分」,
便私藏了2千元,只把剩下的3千元退給三人。

[2千元]　　　　[2萬7千元]

三人先前付了3萬元,之後退回3千元,
因此,三人總共支付了2萬7千元。
加上被櫃檯人員私吞的2千元,共2萬9千元。
還有1千元跑到哪裡去了?

第2章　批判思考

解説 這其實是一種敘述性騙術,如果僅是閱讀文字,很容易受騙上當。請懷疑題目的每一句話,好好想清楚。

題目的敘述真的正確嗎?

題目中的數字其實有一個不易察覺的「障眼法」。
現在讓我們重新檢視最後的敘述:

因此,三人總共支付了2萬7千元。
加上被櫃檯人員私吞的2千元,共2萬9千元。
還有1千元跑到哪裡去了?

「支付3萬元,退還3千元,所以總共支付2萬7千元」這個計算並沒有錯。問題出在**「加上被櫃檯人員私吞的2千元,共2萬9千元」**這句話。

三人支付的2萬7千元,其實應該是「正確的住宿費2萬5千元」與「櫃檯人員私吞的2千元」相加而來。
所以,正確的說法並不是「2萬7千元加上2千元等於2萬9千元」,而是**「2萬7千元扣掉2千元等於2萬5千元」**。

確認錢的流向

用文字說明可能比較難懂,以下將錢的流向依時間順序列出。

> 三人:-3萬元
> 櫃檯人員:5千元
> 飯店:2萬5千元

負的金額與正的金額在總數上是打平的。
之後，櫃檯人員退還3千元給三人……

三人：－2萬7千元
櫃檯人員：2千元
飯店：2萬5千元

在這裡，同樣正負剛好抵銷，也沒有任何問題。
三人支付了2萬7千元，櫃檯人員和飯店兩者加起來共收取了2萬7千元。
題目末段的這句「加上被櫃檯人員私吞的2千元，共2萬9千元」正是造成誤解的原因。
換句話說，1千元並沒有消失。
只是敘述方式讓人誤以為消失了。

| 答案 | 1千元並沒有消失 |

總結 人們常常因為敘述看似理所當然就信以為真，所以「確實地檢視每個細節」非常重要。以數字混淆視聽是十分常見的欺騙手法，必須特別留意。

POINT

- 聽起來理所當然的事情，不代表就一定正確。
- 任何事情都應該再三驗證與審視。

批判思考 2

想事情不能先認定結論

難易度 ★☆☆☆☆

批判思考的基礎,是不被第一印象影響的嚴謹態度。面對一眼就想下結論的題目,你能保持冷靜嗎?

世界上最簡單的問題

A正在看著B,
而B正在看著C。

A已婚,C則是單身。

此時,是否能斷定
「已婚人士正在看著單身人士」
這句話一定正確嗎?

解說 第一次看到這題時,我忍不住脫口說了一句:「什麼鬼?」因為不管怎麼想,我都覺得「光看題目提供的訊息,根本無法確定」。但這畢竟是邏輯思考問題,果然是能夠推導出答案的。這道題在社群平臺上不時被拿出來討論,可說是邏輯思考問題中最簡單且最有趣的一題。

超級神祕的 B

題目只告訴我們:

A = 已婚
C = 單身

而 B 的婚姻狀況是已婚還是單身,題目並沒有說。因此 3 人的關係如下:

A(已婚)→ B(?)→ C(單身)

乍看之下,似乎無法斷定「已婚人士正在看著單身人士」這句話一定正確。

實際驗證的結果

但**實際驗證之後,就會發現並非如此。**

事實上,不管 B 是「已婚」還是「單身」,那句話都能成立。

讓我們深入分析看看吧。

- 若B已婚
A（已婚）→B（已婚）→C（單身）

- 若B單身
A（已婚）→B（單身）→C（單身）

如上可知，不管B是已婚還是單身，「已婚人士正在看著單身人士」這句話都能成立。

> **答案** ｜ 「已婚人士正在看著單身人士」這句話一定正確。

總結 這一題非常簡單，只要驗證就可以知道答案。但這樣的題目提醒了我們，就算題目提供的資訊量非常少，也不要急著認定「怎麼可能」或是「答案無法得知」。雖然大多數人的做法傾向於「先蒐集所有線索才解題」，但有時候只要以現有的資訊來驗證，就能推導出答案。

POINT

- 就算訊息量很少，也別急著做出「不可能知道」的結論，應該要保持「總之先想想看」的開放心態。

發現直覺的陷阱

批判思考 3

難易度 ★☆☆☆☆

在推導真相時,最大的阻礙往往是解題者的直覺。現在讓我們挑戰一題「最適合懷疑自己」的問題。

第二次賽跑

你和對手比100公尺賽跑。

第一次比賽,你輸了。
當對手到達終點時,你還在距離終點10公尺的地方。
於是第二次,對手答應讓你,
對手從起跑線往後10公尺的地方開始跑。

第二次比賽會是誰贏呢?

對了,你和對手的奔跑速度並不會改變。

解説 既然對方讓了10公尺，應該兩人會同時到達終點？實在是太簡單了，一秒鐘就能知道答案……若依靠這樣的直覺來答題，可是很容易出錯的。

從第一次比賽可以知道什麼？

我們先回顧第一次賽跑所提供的線索。
因為雙方的速度始終不變，從第一次比賽可以看出：

> 「對手跑完100公尺的時間」＝「你跑完90公尺的時間」

對手的速度顯然比你快。

分析第二次比賽

第二次比賽時，對手從起跑線後方10公尺處起跑。
這代表對手必須跑110公尺，而你則還是跑100公尺。

根據第一次比賽結果得知，當對手跑到100公尺時，你會到達90公尺處。
由此可計算出，當對手還剩最後10公尺時，你同樣也還剩最後10公尺。
你與對手會在最後10公尺處不分上下。

距離終點剩下10公尺。
根據前面的分析，對手的速度比你快。接下來的衝刺，因對手跑得較快，會比你更快抵達終點。

答案 | 第二次比賽仍是對手獲勝

總結 同樣是在第二次比賽中請對手讓10公尺，應該改成自己「從起跑線往前10公尺」的地方起跑。這麼一來，兩人會在終點線不分上下，至少結果是平手。同樣是讓10公尺，乍看之下都一樣，其實結果完全不同。這道題目提醒我們，一旦過度相信自己的直覺或印象，很可能會落入陷阱之中。

POINT
- 人的直覺常常不太可靠。
- 越覺得「一定對」的情況，就越要審慎思考。

第2章 批判思考

Column 1　　偽相關

想要培養批判思考，就得理解什麼是「偽相關」（Spurious relationship）。這概念是統計學中常用的詞彙，又被稱為「虛假關係」。

舉例來說，「冰淇淋在8月銷售大增」是事實，「夏天在游泳池發生的意外事故變多」也是事實。但若只看這兩個現象，就判斷「冰淇淋會誘發游泳池事故」，顯然是錯誤的結論。真相只是單純兩者的發生原因相同（夏天太熱）。

諸如此類，事實上兩者毫無關聯，卻因看不見的第三因素，而使兩者看似具有因果關係，便是統計學上的偽相關。當遇到表面上看似有關聯的事情時，正是要發揮批判思考，冷靜做出判斷的時候。

批判思考 4

拋開對自己的論證有利的刻板印象

難易度 ★★☆☆☆

要懷疑自己的直覺,並不是一件容易的事。現在我們再來看一道類似的問題。乍看之下,好像不用多想就知道答案,但事實真是如此嗎?

逆風的飛機

有A與B兩座機場。
現在你要搭乘飛機從A出發,到達B之後再折返回到A。
若與「無風」的情況相比,
在「始終有風吹自A向B」的情況下,
飛機的往返時間會如何改變?

請從下列選項中選出答案。

1 沒有變化。
2 比無風時還長。
3 比無風時還短。

對了,假設飛機的引擎轉速與風速皆不會改變。

解說 三個選項之中,你可能會覺得某個選項「絕對不會是答案」。但是很遺憾,那個選項才是對的。這道題目既簡單又經典,卻鮮少有人能答對。讓我們懷著批判思考的心態來挑戰看看。

顛覆直覺的答案

這題最有趣的地方,就在於它的答案顛覆了一般人的直覺。因此,我在這裡先說出答案⋯⋯
在有風的情況下,飛機往返所需的時間比無風時更長。

許多人可能會大吃一驚。
直覺上,我們會以為「無風」和「有風」的時間應該相同。
因為若風是自A吹向B,飛機「去程」有順風,會比較快到;而「回程」有逆風,速度會變慢⋯⋯
那麼,「去程」省下的時間,不是應該與「回程」延遲的時間剛好抵銷嗎?
然而,答案卻並非如此。到底是哪個環節出了問題?

逆風的威脅

關鍵就在於「逆風」。簡單來說:
「去程變快」與「回程變慢」可以剛好抵銷的直覺是陷阱。

讓我們用一個簡單的例子來說明,假設:

> A與B之間的距離:600公里
> 飛機在無風時的時速:200公里

在這種狀況下，飛機往返一趟的時間如下：

> 去程：3小時；回程：3小時

合計6小時。

接著，我們計算「風速（時速）100公里」從A朝B吹，飛機往返所需的時間。去程是順風，所以……

> 飛機速度變成「時速200公里＋風速100公里＝時速300公里」
> →花2小時即可到達
> （實際上風速的影響並不等於兩者時速相加，不過為了便於說明，我簡化了計算）

接著算回程。回程時是逆風，也就是……

> 飛機速度變成「時速200公里－風速100公里＝時速100公里」
> →花6小時才能到達

所以飛機的往返時間則是──

> 去程：2小時；回程：6小時

合計8小時。

竟然比無風時多出了2小時。

無限的逆風狀態

為什麼會是這樣的結果？

原因就在於「順風加速」與「逆風減速」在本質上並不對等。

讓我們考慮一個極端的情況，假設風速和飛機的速度完全相同。

> A與B之間的距離：600公里
> 飛機在無風時的時速：200公里
> 由A往B吹的風速（時速）：200公里

在此情形下，飛機想從B飛回A時，它本身的200公里速度，會被同樣200公里的逆風抵消，因此，**理論上飛機無法前進分毫**。換句話說，飛機永遠無法從B回到A，因此「A和B之間的往返時間」將變成無限大。這就是為何有風對往返不利的原因。

答案 ｜　　　　　　比無風時還長

總結「只要有阻力存在，最終往返時間就會變長」。只要是在性質相同的條件下，這個結論都成立。例如「平地上往返100公尺」對比「在電動步道上往返100公尺」；「在普通泳池內往返游10公尺」對比「在有水流的泳池內往返游10公尺」，後者的往返時間都會比較長。明明只要計算就能知道結果，大多數人還是會以「去程因順風而變快，回程因逆風而變慢，兩者相互抵銷」這種想當然耳的刻板印象來說服自己。

POINT

- 越是感覺「應該是這樣」的直覺判斷，就越要仔細驗證。
- 思考極端情況有助於發現「例外」。

批判思考 5

發現思考的盲點

難易度 ★★☆☆☆

先入為主的觀念，常會侷限思考範圍，導致無法察覺真相。看了以下這道題目，你能**正確鎖定思考重點**嗎？

船隻擦身而過之謎

每天中午，會有1艘定期船班，
從日本出航，前往澳洲。
同一時間，也有1艘定期船班，
自澳洲出航，前往日本。

兩邊的船都需要7天7夜才能抵達目的地。

7天7夜

日本　　　　　　　　　　澳洲

請問，今天從日本出發的定期船班，
在抵達澳洲之前，
會在海上與定期船擦身而過幾次呢？

> **解説** 這題表面上看似相當簡單，你可能會認為「不用想就知道」。然而這正是「批判思考」派上用場的時候。想要接近真相，就必須懷疑憑直覺得出的答案。

小心那個「立刻浮上心頭」的答案

「不就是7次嗎？」
你是不是忍不住想要這麼回答？但結果你應該也猜到了，答案並不是7次。
航行需要7天，每天都有1艘船從目的地出航，所以似乎會在海上與7艘船擦身而過……這推論似乎很合理。
然而，這樣的思維並未考慮到所有因素。

別忽略問題中的「過去」

這樣的回答漏掉了一個盲點。
那就是在海上所碰到的船，並不僅限於「今天或之後才從澳洲出發的船」，還包括了「過去7天已從澳洲出發，正在往日本航行」的船。

- 船剛離開日本港口時，會與「從澳洲出發航行7天後正好到達日本」的1艘船擦身而過。
- 在日本到澳洲的航程中，會與13艘船擦身而過。
- 抵達澳洲港口時，又會與「此刻正要從澳洲出發」的1艘船擦身而過。

若用圖表呈現,大致如下:

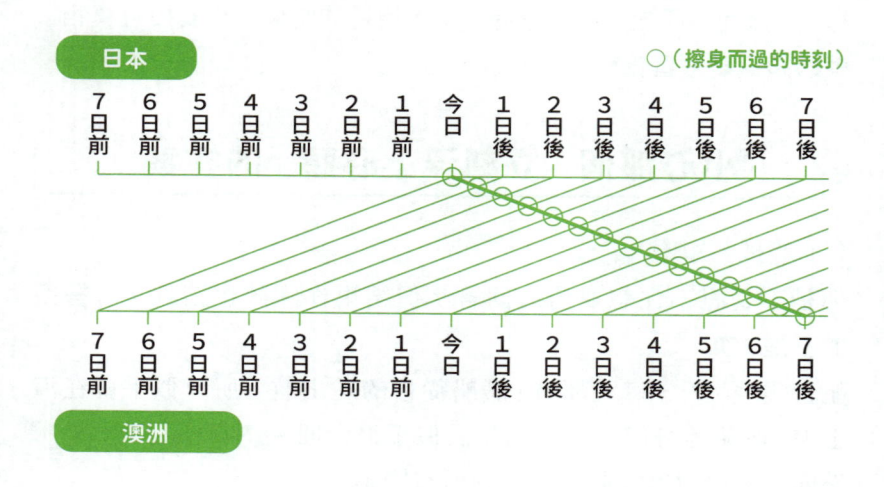

日本 ○(擦身而過的時刻)

7日前 6日前 5日前 4日前 3日前 2日前 1日前 今日 1日後 2日後 3日後 4日後 5日後 6日後 7日後

7日前 6日前 5日前 4日前 3日前 2日前 1日前 今日 1日後 2日後 3日後 4日後 5日後 6日後 7日後

澳洲

如此計算下來,總共會與15艘船擦身而過。

答案　　　　　15次

總結　並不是「每24小時就會遇到1艘」,而是「每12小時就能遇到1艘」。關鍵在於讀到「每天有1艘船出發」時,能不能意識到「海上已經有7艘船」這個事實。這道題目提醒我們,思考時不僅要注意「現在」,也要回頭看看「過去」。

POINT

- 在俯瞰時間軸時,不只要看未來,也要留意「過去」,才能正確掌握現在。

看穿「％」的陷阱

批判思考 6

難易度 ★★☆☆☆

有時訊息的性質改變,也會讓人跌進刻板印象的陷阱。尤其是關於「％」的訊息特別容易搞混。面對下列問題,你能保持冷靜思考嗎?

200個產品

某間工廠製造了200個產品。

但是這200個產品之中,99％都是不良品。為了把工廠內的不良品比例降低到98％,老闆想把一部分不良品偷偷移出工廠。

99％ ─?→ 98％

究竟要把多少個不良品移出去才行呢?

第 2 章 批判思考

解説 若你喊出「太簡單了！」這句話，代表你很可能已經掉入陷阱。再仔細想想吧。順帶一提，答案並不是「2」。要知道，想靠「見不得光的手段」來降低不良率，可沒那麼容易。

「％」的奧妙

先確定前提。
工廠裡原有200個產品，其中99％是不良品。

$200 \times 0.99 = 198$

也就是200個產品中，有198個不良品，另有2個良品。
那麼，要讓工廠內不良品比例降至98％，究竟要把多少個不良品移出工廠？
很多人會直覺回答「2個」。

「總數200個，1％等於2個，所以只要減去2個就能減少1％。」這就是他們的思考邏輯。但真的是這樣嗎？讓我們實際來計算看看。
如果移走2個不良品，那就剩下196個不良品，良品仍是2個，所以總數變198個。不良品比例為：

$196 \div 198 = 0.9898989\cdots\cdots$

沒錯，**並非剛好98％**。
原因在於移走不良品後，分母（整體數量）也一同減少了。

出乎意料的答案

雖然只移走2個不良品還無法達成98％，但不良品比例確實稍微下降了。
換句話說，只要持續移走不良品，總會達到剛好98％。
那麼，移走的正確數量是多少呢？**答案是「100個」**。

你的直覺反應可能是「太多了吧」，但是只要一驗算，相信你就會明白了。移走100個不良品後，只剩98個不良品。加上2個良品，合計100個。

$$98 \div 100 = 0.98$$

剛好98％。換句話說，要移走足足100個不良品，才能把不良品比例降至98％。

答案 ｜ 要將100個不良品移出工廠

總結 速度快、計算力強的人，反而最容易被這道題目誤導。其實只要冷靜計算就能求出答案，但在必須使用心算快速回答的情況下，大多數的人都會犯錯。可見得與「％」相關的計算，一定要謹慎處理。

POINT

- 「％」的表象常與實際情況不同，驗證上務必要小心。

批判思考 7

視覺化思維

難易度 ★★★☆☆

透過前面的題目,相信你已經感受到盲目相信直覺的可怕之處。不過請放心,其實有一個最佳方法能避免掉入直覺的陷阱。

某國的生育計畫

在某個國家,每個家長都希望生下女孩。
於是所有家庭都採取以下做法:
只要還沒生到女孩,就會持續生小孩,
一旦生下女孩後就不再生。

請問,這個國家的男孩與女孩的比例會是如何?

對了,假設每次生孩子都是單胞胎,
而且男孩與女孩各有50%的機率。

解說 每個家庭都渴望有女兒,一旦女孩出生便停止生育。理所當然地會讓人直覺認為「男孩數量最終一定會比女孩多」,然而真相並不見得站在直覺這一邊。這題相當知名,據說在Google等多家公司招聘考題中都曾出現。

先想個簡單的例子

首先要注意的是,最終每個家庭都只會有1個女孩。
因此,女孩的總數不會超過家庭總數。

那麼,該如何計算女孩的數量?這種時候,我們可以嘗試將情況簡單化。
假設這個國家只有16個家庭。現在將這16名母親集合在一起,對她們說:

> 「第1個小孩是男孩的人請舉手。」

由於生男生女機率皆是50%,因此理論上會有8名母親舉手。接著再問:

> 「舉手的這些人之中,第2個小孩是女孩的請放下。」

因為第2胎一樣有50%機率是女孩,所以大約4名母親放手。

用圖表呈現更清楚

文字敘述不夠直觀,不妨試著繪製表格。重複同樣的問題,就會得到下頁表格。

●=男孩　○=女孩

	1	2	3	4	5	6	7	8	9	10	11	12	13	14	15	16
第1個	○	○	○	○	○	○	○	○	●	●	●	●	●	●	●	●
第2個									○	○	○	○	●	●	●	●
第3個													○	○	●	●
第4個															○	●

從第1個孩子來看，男孩與女孩的數量相同。
從第2個孩子來看，男孩與女孩的數量依舊相同。
不論看第幾個孩子，男孩與女孩的人數都一樣。

確實有些家庭會一直生不到女孩，但也有同樣多的家庭很快就生出女孩，所以最終男孩與女孩的數量還是會一樣。

答案　男孩與女孩的比例會是1比1

總結 乍看之下，因「每個家庭最多只有1個女孩，而男孩數量無上限」，容易讓人產生直覺上的誤判。但只要畫出表格，就能馬上看穿真相。

POINT

- 將訊息視覺化，是避免偏見或成見的最佳方式之一。

看穿「數字」的陷阱

批判思考

8

難易度 ★★★☆☆

現實中存在許多利用數字陷阱來誘惑人的騙術。面對這類誘惑，你能夠以批判的眼光冷靜思考嗎？

不可思議的加薪

你的上司提出兩種加薪方案供你選擇。

A方案是每年加薪10萬元，
薪資一年付一次，一次付一整年的金額。
B方案是每半年加薪3萬元，
薪資每半年付一次、一次付半年的金額。

+10萬　　　　+3萬

A　　　　B

你應該選哪個方案？

解説 A方案每年加10萬元，B方案每半年加3萬元。兩個方案差這麼多⋯⋯有什麼好比的嗎（笑）？我以前也這樣想。這是一道經常在社群上被提出來討論的題目。讓我們保持冷靜與批判思考，實際來驗證看看。

令人意外的答案

這也是一道答案令人震驚的有趣題目，所以我同樣先說答案。
事實上，<u>「B方案」最終能拿到的薪資比較多</u>。
很不可思議，對吧？讓我們立刻進行驗證。

檢驗實際的「加薪速度」

為了方便計算，假設你剛開始的年薪是1000萬元。
「A方案」是每年付全年的薪資；
「B方案」是每半年付半年的薪資。

先來看A方案，未來三年的薪資如下：

> 如果選「A方案」──
> 第一年：1000萬元
> 第二年：1010萬元
> 第三年：1020萬元
> 三年總薪資：3030萬元

若選擇B方案的薪資：

如果選「B方案」——
第一年：500萬元＋503萬元＝1003萬元
第二年：506萬元＋509萬元＝1015萬元
第三年：512萬元＋515萬元＝1027萬元
三年總薪資：3045萬元

竟然在第一年結束時，B方案就已超越A方案的年薪金額，且這個差距還會繼續擴大。為什麼會這樣？
原因是「B方案」的加薪速度較快。

以支付金額來比較

以「年」為單位觀察實際支付金額，就會發現「A方案」每年多10萬元，但「B方案」每年卻多12萬元。
只要把一年分成前半年與後半年，就能理解原因。

● A方案：今年的薪水＝
（去年前半年的薪水＋去年後半年的薪水）＋10萬

● B方案：今年的薪水＝
（去年前半年的薪水＋6萬）＋（去年後半年的薪水＋6萬）

以圖表來呈現的話，大概是下一頁這樣的感覺。

● A方案（每年加薪10萬元，年薪一次支付）

第一年　| 500 | 500 |　＝1000萬

第二年　| 500 | 500 | 10 |　＝1010萬

第三年　| 500 | 500 | 10 | 10 |　＝1020萬

● B方案（每半年加薪3萬元，每次支付半年薪資）

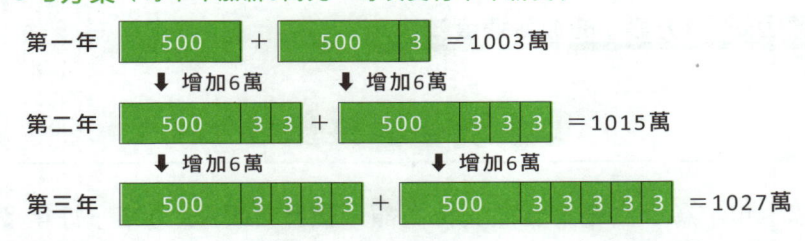

第一年　| 500 | ＋ | 500 | 3 |　＝1003萬

↓增加6萬　　↓增加6萬

第二年　| 500 | 3 | 3 | ＋ | 500 | 3 | 3 | 3 |　＝1015萬

↓增加6萬　　↓增加6萬

第三年　| 500 | 3 | 3 | 3 | ＋ | 500 | 3 | 3 | 3 | 3 |　＝1027萬

一般人看到B方案，大多會直覺認為「半年加3萬，就是一年加6萬」，但實際到手的金額卻是增加了12萬。

答案　｜　應該選擇「B方案」

總結 這道題目暗藏了一個相當巧妙且難以看穿的陷阱。雖然其原理不難理解，但還是讓人頗感意外。在現實中，若真遇到類似的加薪提案，可千萬別選錯了！

POINT

- 比較不同時間軸的金額時，最容易被直覺誤導，務必以謹慎的態度再三確認。

看穿「機率」的陷阱

批判思考 9

難易度 ★★★☆☆

所謂的「機率」，就是將肉眼看不見的可能性轉化為數據。由於**常和直覺背道而馳**，所以必須格外小心。

白色球的箱子

箱子裡放著1顆球，可能是黑球，也可能是白球。
你在箱子裡又加入1顆白球，
接著把箱子搖勻，取出1顆球。
結果取出的球是白色。

如果要猜箱子裡剩下的那顆球是什麼顏色，
請問你應該回答黑色還是白色？

第 2 章　批判思考

解説 「不管黑球還是白球,機率應該都一樣吧?」很多人可能會這麼想。然而,「機率」的概念往往和我們想像的不同,總是背叛我們的直覺,這題也不例外。

機率真的是一半一半嗎……?

請仔細回顧題目這段文字。

箱子裡放著1顆球,可能是黑球也可能是白球。
你在箱子裡又加入1顆白球,
接著把箱子搖勻,取出1顆球。
結果取出的球是白色。

> 「那剩下的那顆球不是白就是黑。」
> 「所以機率應該是50%。」

一般人應該都會這麼想,
然而答案並非如此。
事實上,箱中剩下那顆球是「白球」的機率較大。
機率為高達2/3(約66%)。

為什麼箱裡的球有那麼高的機率是白色?

「機率」是邏輯思考的最高境界

在進入詳細解釋之前,我們先來複習一下「機率」。別擔心,不會很複雜。就算是聽到機率就頭痛的人,也絕對可以理解!畢竟在工作上(簡報或提案等)經常會用到「機率」的概念,剛好趁

這個機會複習一下。
首先,「某情況的發生機率」基本上能用以下方法算出答案:

> (該情況數)÷(所有可能情況的總數)

所謂的「情況數」,指的就是「特定狀態的發生次數」。比如丟骰子,1點朝上的機率是「1÷6=1／6」。

回到原來的題目。
「箱裡最後剩下那顆球是白色」的機率,可用以下算式來計算:

> 最後剩下的是白球的機率=
> (最後剩下白球的所有可能情況數)÷(最後剩下的球之顏色的所有可能情況數)

以上說明,是求出答案的前提。

確認所有可能情況

接下來,我們來列舉題目可能出現的情況。
許多人以為加了白球又拿走白球,所以白球對機率完全沒有影響,箱子裡總共只有以下兩種情況:

> - 最後剩下的是白球
> - 最後剩下的是黑球

但是這樣的想法並不夠全面。
因為還必須考量第一次取出的白球,是「原本就在箱子裡的

球」,還是「後來加進去的球」?
沒有考慮這一點,就無法正確算出機率。

> 我們將「最初在箱子裡的球」標記為「白1」或「黑」,「後來加入的白球」標記為「白2」。

從題目的敘述來看,可能發生的情況如下:

	最初在箱子裡的球	新加入的球	取出的球		箱子中剩下的球
情況A	白1	白2	白1	▶	白2
情況B	白1	白2	白2	▶	白1
情況C	黑	白2	白2	▶	黑

共有三種可能的情況:
情況A中,箱子最後剩下「白2」。
情況B中,箱子最後剩下「白1」。

換句話說,**三種情況裡有兩種最終會「留下白球」**。
所以最後留下白球的機率是2／3(約66%),回答「白球」是較明智的選擇。

讓這一題變得複雜的原因

光看表格可能不太好理解,我再稍微解釋一下。
最初箱子裡的球,有50%機率是白色,50%機率是黑色,這點並沒有錯。
加入1顆白球後,箱子內的球為「白1與白2」的機率為50%,

「黑與白2」的機率為50％。到這裡也都沒問題。

真正讓問題變得複雜的是第三階段。
「**取出1顆球，結果是白球**」。
雖然箱裡的球只能是「白1與白2」或「黑與白2」這兩種組合，但**取出白球的機率卻對應到三種可能情況**。
因此，在計算取球的機率時，必須將這三種「取出情況」納入考量才行。

> **答案** | 應回答「白球」，
> 因為留下白球的機率較高

總結 機率是比較難直觀理解的一門領域，但因能夠用來描述客觀事實，常被用來當作說服他人的工具。
然而也正因機率給人「真實可信」的印象，很容易成為欺騙或混淆視聽的手段。例如某活動可能號稱「成功率100％」，實際上只辦過一次而已。恰好那一次辦得成功，就說是100％了。所謂的「機率」，究竟指的是「箱子裡球的顏色」還是「取球方式」等，一定要學會謹慎分辨。

POINT
- 「機率」是以邏輯思考的態度評估不確定性的一種便利工具。
- 要注意區分「結果」與「過程」，因為焦點不同，機率也會不同。

批判思考 10

發現隱藏的可能性

難易度 ★★★★☆

看了前一題,你應該已感受到「機率」是多麼棘手的東西。因為「機率」往往與表面獲得的訊息不一樣,容易令人一頭霧水。為了更加熟悉機率,我們再挑戰這一題。

三張卡片

你的眼前有三張卡片。

第一張兩面都是黑色。
第二張兩面都是白色。
第三張一面黑一面白。

現在把這三張卡片放進箱子裡並充分攪拌後,
抽出一張,發現是白色。

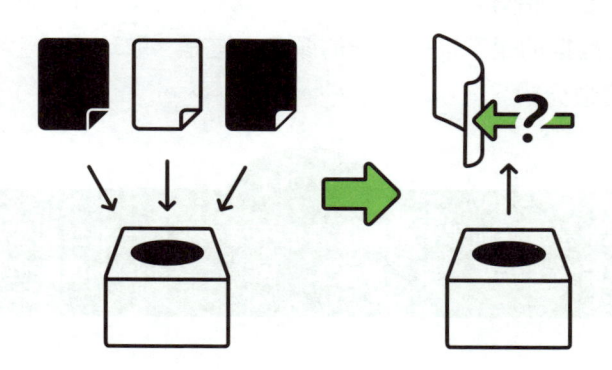

這張卡片的另一面也是白色的機率是多少?

解說 乍看之下，這題好像很簡單，因為不管怎麼想，好像都只有一種答案：「不就黑與白各50％嗎？」。但這同樣是只憑直覺思考肯定會出錯的題目。必須審慎考慮，排除陷阱後才能獲得正確答案。

先整理一下可能的情況……

若以一般常理推斷，「<u>一面是白色，因此這張卡片不是（黑黑），只可能是（白白）或（黑白）。那麼，它是（白白）的機率應該是1／2吧。</u>」

乍看似乎合理，可惜這個推論有個盲點。
我們試著想出所有情況，整理成下表：

	第1張卡片	第2張卡片	第3張卡片
一面顏色	黑	白	黑
另一面顏色	黑	白	白

仔細觀察這張表。
你抽到的是「一面是白色」的卡片。
每張卡並沒有「正面」或「背面」的區別。
所以可能的情況有以下三種。

- 看到第二張卡片的其中一面白色
- 看到第二張卡片的另外一面白色
- 看到第三張卡片的白色面

換句話說，你抽到的卡片雖然只可能有兩種情況（第二張或第三

張），但，「抽到了白色面」卻包含三種不同的可能情況。
而其中有兩種情況的另一面是白色。
換句話說，另一面是白色的機率是 2／3（約66.6％）。

答案 　　　　**2／3（約66.6％）**

總結 許多機率問題的答案都無法用直覺來猜，因此在完全理解之前，會給人一種「似懂非懂」的感覺。但是在成功解開謎題的瞬間，那種如同讀完推理小說般的暢快感，令我深深著迷。不過，學生時代的我很討厭這類問題，因為我常憑著直覺回答……

POINT

- 即便終點只有一個，但如果能通往該終點的過程有許多條路，對應的情況也會有很多種。

考慮所有可能的情況

難易度 ★★★★☆

批判思考並不僅限於驗證眼前的事實,還包含**思考是否還有遺漏的可能性**。設想所有可能的情況也是十分重要的能力。

批判思考 11

25匹賽馬

你的眼前有25匹賽馬。
你想透過比賽找出其中速度最快的前三名。

每場比賽最多只能有5匹馬參賽。
因為無法精準測量時間,只能以肉眼判定「A比B快」。
希望能用最少場次完成目標。

請問,為了找到跑得最快的3匹馬,
至少需要比賽幾場?

解説 有人可能會想：「既然一次能跑5匹，那就把25匹分成5組，各自比出冠軍，再讓這5匹冠軍比一場，最後加起來總共6場就夠了。」這聽起來像是合理的正規解法，但事實上存在盲點。

提示1 有2匹馬需要跑3場比賽。

設法排除不可能進前三名的馬

本題的作答關鍵在於「排除不可能入選前三名的馬」，而不是「選出跑得最快的馬」。不過，「把25匹馬分成5組進行比賽」確實是正確的第一步。

比完之後，就能知道每組的排名順序。

如果將組名設定為A、B、C、D、E，那麼，25匹馬可以分別標示如下。

※數字代表「在該組內的名次」。

- A1 A2 A3 A4 A5
- B1 B2 B3 B4 B5
- C1 C2 C3 C4 C5
- D1 D2 D3 D4 D5
- E1 E2 E3 E4 E5

假設5場比賽都比完，已經知道每組的名次順序了。

此時，**每組的第四名及第五名都可以先排除，因為牠們已經不可能是「全部25匹馬的前三名」**。

於是第1場比賽，我們成功淘汰10匹馬。

第一名可能輸給第三名

淘汰每組的第四名及第五名後，目前剩下的15匹馬如下：

- A1 A2 A3
- B1 B2 B3
- C1 C2 C3
- D1 D2 D3
- E1 E2 E3

接下來問題就有點複雜了。有些人可能會認為「只要把各組的第一名集中起來再比一場，選出前三名就行了」。
但如此選出的3匹馬，不見得一定是「全部25匹馬的前三名」，因為，**跑得快的馬可能剛好集中在同一組**。
必須要把這個可能性也納入考量才行。

例如，A組的A1、A2、A3其實就是全體跑得最快的三匹馬，也就是說「全部25匹馬的前三名」應該是A1、A2、A3。
如果把A組～E組的第一名挑出來比賽，**就會忽略了A2、A3也可能分別是全體第二名及第三名**。

問題是如果要分別「各組第一名比賽」、「各組第二名比賽」、「各組第三名比賽」的話，場次會增加太多。我們需要更聰明的方法。

先讓各組的第一名比賽

有一個巧妙的做法可以解決這個困境。
第6場先讓A1、B1、C1、D1、E1比賽。
假設名次為:

> 第一名:A1
> 第二名:B1
> 第三名:C1
> 第四名:D1
> 第五名:E1

此時可以知道,至少D1與E1必定不是全體的前三名。
而由於D1、E1比D、E組的第二、三名還要快,所以連帶地,D2、D3以及E2、E3也沒有資格擠進前三名。
就這樣,這次排除了6匹馬。

不必比賽也能判斷「出局」的馬

此時仍可能入圍的馬共有以下9匹。

> • A1、A2、A3
> • B1、B2、B3
> • C1、C2、C3

接著,我們發現C2、C3也無法進入全體前三名。
因為C1、B1、A1都比牠們快。同理,B3也出局。
因為B2、B1、A1都比B3更快。

這些馬不用比賽就可以排除。

經過上述推論後，第6場結束時還有6匹馬有機會進入前三名：

- A1、A2、A3
- B1、B2
- C1

其實還有1匹馬也已確定最終結果，無須再比賽，那就是A1。因為A1不僅在A組拿下第一，更在各組第一對決中贏得第一。**所以A1必然是全25匹中最快的。**

於是，第7場比賽只須由剩下的5匹馬（A2、A3、B1、B2、C1）進行，再從中選出前兩名。然後由A1加上這2匹馬，就能確定全體的前三名。

答案　　　　7場

總結 這道題目有些難度，最重要的是不要在「沒有深思熟慮」的狀況下作出判斷。就像在淘汰制比賽中，若有人第一輪比賽就輸了，並不代表敗者的實力一定很差。因為有可能是實力第一與第二的選手剛好在第一輪就對決了。只要能意識到這種情形，就不會誤以為6場比賽就能解決問題。這題讓我們在追求效率的同時，也學到要兼顧精準性的重要。

POINT
- 小範圍內的第一名，不見得是整體的第一名。
- 不能只重視效率，還要考慮各種可能性。

批判思考 12

看穿藏在「證明」中的陷阱

難易度 ★★★★☆

這題與前面不同，涉及「證明」的概念。為了得到確切答案，要懷疑自己的直覺，**搞清楚應該確認的重點**。

四張卡片

你面前擺著四張卡片。
分別寫著「E」「R」「2」「9」。
這些卡片的兩面，一面是字母，一面是數字。

現在，你只能翻開其中兩張卡片，
來驗證「若卡片字母面上是母音，那數字面一定是偶數」這項假設是否成立。
請問，你應該翻哪兩張卡呢？

解說 又是一道卡片題目，但這次不是機率問題，而是純粹的邏輯測驗。看似簡單，卻需要一點思維轉換。

如果憑直覺來回答……

應該是翻開「E」與「2」吧？
很可能有很多人會這麼想。
所以我先聲明：翻「E」是正確的，但翻「2」是錯的。

為何翻「E」是正確的？理由非常好懂。
因為假設條件是「若卡片字母面上是母音，那數字面一定是偶數」。想驗證此假設，當然要確認母音「E」的背面是不是真的是偶數。
所以「E」必須翻開來檢查，這一點無庸置疑。

那為何不翻「2」？可能有人會認為「若翻開『2』的背面是母音，就能證實假設成立」。可惜，這樣的推論並不正確。
何況數字「9」也是個問題。
就算「2」背面是母音，**如果「9」的背面也是母音，那麼假設還是不成立**。

假設條件中的疏忽

「若卡片字母面上是母音，那數字面一定是偶數」。

確認這個假設是否成立，是這道題目的最大目標。
但在這個假設條件上，有一個很容易被疏忽的重點：

「若卡片字母面上是母音,那數字面一定是偶數」。

這個假設條件<u>並不包含</u>「若數字面是偶數,字母面一定是母音」。

就算偶數的背後是子音,也沒有違反假設條件。所以,<u>**寫著偶數的卡片,背面是母音還是子音根本不重要。**</u>

應該要確認的另一張卡片是「9」

另一方面,奇數卡片的背面一定要是子音才行。

若奇數的背面是母音,就直接違反「若卡片是母音,那背面一定是偶數」的假設條件。

因此,必須翻開來檢驗的是「9」。

綜上所述,只要翻開「E」與「9」,我們就能確認假設條件是否成立。

答案 | 翻開「E」與「9」

總結 這道題目出自世界知名的認知心理學家華生(Peter Cathcart Wason)所設計的「華生選擇任務」,據說過去受測者的正確率不到10%。

本題的主要邏輯推論,來自於高中所學的邏輯概念。不曉得你對高中數學還記得多少?「元素P屬於集合A」、「德摩根定律」、「逆命題、否命題、逆否命題(Contrapositive)」……很多人可能看到這裡就皺眉頭了吧。其中的「逆否命題」,指的是「若A則B成立,則若非B則非A也成立」。舉例來說,「人屬於動物,若不

是動物就一定不是人」。
現在我們來試著將這個概念運用到本題上。

命題：若這一面是母音，則另一面是偶數。
逆否命題：若另一面不是偶數，則這一面不是母音。

要讓命題成立，則逆否命題也必須成立才行。所以我們必須「確認非偶數卡片的背面是不是母音」。
或許有人會懷疑：「當年學的那些東西，實際能派得上用場嗎？」不過，很多看似無用的知識，往往能在意外的時候給予我們幫助。任何的努力，都不會是白費力氣。

> **POINT**
> ● 除了思考「需要確認什麼」之外，也要注意「不需要確認什麼」。

批判思考 13

看穿暗藏的策略

難易度 ★★★★★

生活在這個到處是騙子的世界裡,批判思考是保護自身的重要能力。嘗試看看,你能否察覺這道題目裡暗藏的策略呢?

三腳督選戰

A、B、C在選舉中得票數完全相同。
三人只好重新舉行選舉,並且讓選民寫下「第二順位」。
沒想到第二順位的統計結果,
仍舊是A、B、C票數完全相同。

由於總投票數是奇數,
A想到「若只由兩人進行對決投票,一定能分出勝負」。
因此提議先讓B和C選一次,
再由勝者跟自己進行決選。
然而B卻認為這種方式不公平。

B表示A勝出的機率會比B、C更高。
這是真的嗎?

解說 這題一看就感覺相當麻煩,原因在於「第二順位投票」這個複雜的設定。雖然讓人很想放棄思考,但其實只要一一檢視情況,就能看出其中的精心算計。

整理題目中的狀況

由於情況相當複雜,我們先從題目中抓出重點。
首先是以下這句話:
A、B、C在選舉中得票數完全相同。

代表總票數有 1／3 投給A、1／3 投給B、1／3 投給C。
換句話說,總票數可被3整除。
也就是選民人數剛好是3的倍數。

「三人只好重新舉行選舉,並且讓選民寫下第二順位。沒想到第二順位的統計結果,仍舊是A、B、C票數完全相同。」
這段話則意味著讓選民選擇第一、二名的情況下,A、B、C於第二順位依舊各得1／3。假設有9個選民,各選民對第一、二名候選人的支持可能如下:

選民	1	2	3	4	5	6	7	8	9	
第一名	A	A	A	B	B	B	C	C	C	→A:3票 B:3票 C:3票
第二名	B	B	C	C	C	A	A	A	B	→A:3票 B:3票 C:3票

「由於總投票數是奇數」由這句可以知道,選民的人數並不是2的倍數。
再加上前面推導出「選民人數是3的倍數」……
所以選民人數可能是3、9、15、21……

既然是奇數，投給兩名候選人時必定其中一人得票較多。
所以A認為「兩人選舉就能分出勝負」。

B和C的選舉

為何A的提議被認為不公平？
假設有9個選民，讓我們回顧一下前面的表格。

	A粉			B粉			C粉		
選民	1	2	3	4	5	6	7	8	9
第一名	A	A	A	B	B	B	C	C	C
第二名	B	B	C	C	C	A	A	A	B

→A：3票　B：3票　C：3票
→A：3票　B：3票　C：3票

A粉、B粉、C粉各有3人（第一位選A的叫「A粉」，選B的叫「B粉」，選C的叫「C粉」）。
第二順位選A、B、C的也有3人。
在這個狀態下，如果依照A的提議「先由B和C進行選舉」，會發生什麼狀況？
當然B粉會投給B、C粉會投給C。
但關鍵在於**A粉也必須投票**。
由於A不在候選人名單內，A粉一定會投給「除了A以外最喜歡的候選人」（即他們心中的第二名）」。
在這個例子裡，A粉有2人選B為第二名、1人選C為第二名，最終B獲得2票、C獲得1票。因此B會勝出。

	A粉			B粉			C粉		
選民	1	2	3	4	5	6	7	8	9
第一名	A	A	A	B	B	B	C	C	C
第二名	B	B	C	C	C	A	A	A	B

→B：5票　C：4票

A與B的選舉

B在與C的對決中勝出,接著進行A與B之間的投票。
A粉與B粉當然會投給自己支持的候選人。
而C粉則因C不在候選人名單,只能投給第二順位。
在這個例子裡,A獲得5票,B獲得4票,因此A勝出。
看來B的抗議不無道理,選舉的結果確實是A贏了。

選民	A粉			B粉			C粉		
	1	2	3	4	5	6	7	8	9
第一名	A	A	A	B	B	B	C	C	C
第二名	B	B	C	C	C	A	A	A	B

→A:5票　B:4票

或許有人會覺得「只是這次的情況剛好如此」,並不代表所有情況都是A勝。C粉的第二順位不見得一定A多於B,若B多於A,B不就贏了嗎?
乍聽之下這樣的反駁似乎有道理,但事實並非如此。
<u>因為C粉對A的偏好必然大於B。</u>
這正是本題最有趣的地方。

B絕對不可能贏?

若C粉更偏好B會怎樣?現在我們修改假設,讓C粉更傾向選B為第二名。

選民	A粉			B粉			C粉		
	1	2	3	4	5	6	7	8	9
第1名	A	A	A	B	B	B	C	C	C
第2名	B	B	C	C	C	A	A	B	B

→A:4票　B:5票

這麼一來，A得4票，B得5票。B贏得選舉。

可是在這種情況下，一旦檢視9名選民的第二順位，會發現變成這樣：

> A：2票；B：4票；C：3票

違反了題目中「第二順位的統計結果，仍舊是A、B、C票數完全相同」的前提，因此這種情況不可能發生。

接著我們來思考看看，在維持「C粉的第二順位是B多於A」的條件下，「第二順位仍舊是3人票數相同」的情況。

選民	A粉			B粉			C粉		
	1	2	3	4	5	6	7	8	9
第一名	A	A	A	B	B	B	C	C	C
第二名	B	C	C	C	A	A	A	B	B

→A：4票　B：5票

此時9名選民的第二順位統計如下：

> A：3票；B：3票；C：3票

符合題目的前提條件。但這樣的情況會發生一個問題。

那就是在B與C的第一場選舉時，B會輸。

因為A粉有較多人把C列為第二順位。

選民	A粉			B粉			C粉		
	1	2	3	4	5	6	7	8	9
第1名	A	A	A	B	B	B	C	C	C
第2名	B	C	C	C	A	A	A	B	B

→B：4票　C：5票

結果就是在第一場選舉中,變成C勝出。

而且在這種情況下,第2輪選舉A對上C,A還是會勝出。

選民	A粉			B粉			C粉		
	1	2	3	4	5	6	7	8	9
第1名	A	A	A	B	B	B	C	C	C
第2名	B	C	C	C	A	A	B	B	B

→A:5票　C:4票

因此若依照A的提議,不管哪種情況,最後贏家都是A。

A穩操勝券的理由

根本原因在於「若某候選人靠第二順位的票贏得首場選舉,下一場選舉一定會輸」。我們回到最初的假設,這次我們站在B的觀點來進行分析。

選民	A粉			B粉			C粉		
	1	2	3	4	5	6	7	8	9
第1名	A	A	A	B	B	B	C	C	C
第2名	B	B	C	C	C	A	A	A	B

→A:3票　B:3票　C:3票
→A:3票　B:3票　C:3票

選B為第二順位的選民有3人,這3人必定是A粉或C粉。

這個例子裡的情況是「A粉2人、C粉1人」,除此之外的可能情況有「A0:C3」、「A1:C2」、「A3:C0」。

> A粉選B為第二順位的人數過半時，C粉選B為第二順位的人數必定不過半。
> C粉選B為第二順位的人數過半時，A粉選B為第二順位的人數必定不過半。

假如A粉選B為第二順位的人數，與C粉選B為第二順位的人數雙雙過半，選B為第二順位的人數就會超過全體選民的1／3，違反「第二順位投票也是3人票數相同」的前提。

在B對C的選舉當中，若A粉選B為第二順位的人數過半，讓B贏得選舉，在下一場B對A的選舉當中，C粉選B為第二順位的人數絕對沒有過半。

由此可知，在第一場選舉中獲勝的候選人，必定會在接著的第二場落敗。

答案	A一定會贏。

總結 這道題本來是數學家埃胡德·弗里德古特（Ehud Friedgut）為了課程需要所設計，用以說明平局處理比一般人所想的更加棘手。投票或多數決制度表面看似公平，實際上卻可能因種種情況而出現不公的狀況，因此在使用時應該要格外謹慎小心。

POINT

- 看似不帶惡意的提案，也可能暗藏陷阱。
- 面對複雜問題時，可以嘗試善用圖表，將問題視覺化。

懷疑一切的勇氣

難易度 ★★★★★ + ★★

批判思考 14

批判思考終於也到了最後一題。本題屬於最高難度，想要找出答案，必須對一切訊息都抱持懷疑態度。

老實人與騙子之島

某座島上有4種人。
「絕對老實人」永遠說真話。
「偽善老實人」通常說真話，但是當自己做壞事時，
會謊稱「不是我」。
「絕對騙子」永遠說謊話。
「正義騙子」通常說謊話，但是當自己做壞事時，
會坦承「是我」。

島上發生了一起布丁被偷吃的事件。
有目擊者表示偷吃者只有1人，
當時有機會偷吃的嫌疑人有A、B、C共3人，
他們的證詞分別如下。

A：不是我！偷吃的是B。B是老實人。
B：不是我！偷吃的是A。C和我不同類型。
C：不是我！偷吃的是A。

究竟是誰偷吃了布丁？

第2章 批判思考

解說 島上有4種人,而3名嫌疑人各自屬於哪種,題目並沒有說。可能全部都不一樣,也可能某些人為同一種人。雖然可以想得到的情況又多又複雜,但仍能用嚴謹的邏輯解出答案。在解題過程中,我相信你會發現有個環節非常古怪。而那個古怪的環節,正是解題的最重要關鍵。

我來提供一個核心的提示,那就是「這個問題可以靠邏輯解決」,是個百分百能解出答案的問題。請務必相信這一點。而且我個人認為,這是邏輯思考題中最有趣的一題。請務必試著自己思考看看。絕對不會吃虧。

從兩種麻煩人物可以得知的訊息

「誠實者與說謊者」的問題,在第1章也曾出現過。

這類問題的基本策略,是「假設A的發言為真,然後逐一驗證是否與其他人的發言互相矛盾」。

因此在本題中,我們的做法也一樣,先分別考察當A為「絕對老實人」、「偽善老實人」、「絕對騙子」及「正義騙子」的各自情況。

不過這一題與過去的問題略有不同,題目中包含了在特殊情況下會改變答案的「偽善老實人」和「正義騙子」。

因此在第一步,我們先思考這2種人的存在意義,並整理一下當各自為「偷吃者」及「清白者」時的發言。

- 偽善老實人
當自己是偷吃者時→會說「不是我」
當自己是清白者時→會說「不是我」

- 正義騙子
當自己是偷吃者時→會說「是我吃的」
當自己是清白者時→會說「是我吃的」

整理之後可以看出，這2種人無論是否為偷吃者，關於自己的發言都是一樣的。而且我們還可以從中看出兩條規則：

> 「偽善老實人」不會說「是我吃的」。
> 「正義騙子」不會說「不是我」。

由此，我們可以推導出一個結論：
說「不是我」的人，不會是「正義騙子」。

接著來看看題目內容。
A、B、C這3人都宣稱「不是我」。
因此，我們現在就可以斷定這3人都不是「正義騙子」。

假如A是「絕對老實人」

接著我們分析A可能屬於剩下的3種人之中的哪種。
首先假設A是「絕對老實人」。

A：「不是我！偷吃的是B。B是老實人。」

既然A是「絕對老實人」，那就可以確定B是「偷吃者」，並屬於「老實人族群」。接著我們來看B說的話。

B：「不是我！偷吃的是A。C和我不同類型。」

應該屬於老實人族群的B，卻說「A是偷吃者」，這與A的「不是我」發言互相矛盾。
由此可證實，A不會是「絕對老實人」。

假如A是「偽善老實人」

接下來,我們考慮A是「偽善老實人」的情況。

A:「不是我!偷吃的是B。B是老實人。」

在A不是偷吃者的前提下,這個情況就跟A是「絕對老實人」一樣,會與B的發言互相矛盾。那麼,如果A是偷吃者,只在「不是我」這句話上說了謊呢?

在這種情況下,因為A宣稱「偷吃的是B」,這句話會是真話,所以偷吃者會變成A與B兩人。但這就與目擊者所說的「偷吃者只有1人」互相矛盾。

因此,A也不可能是「偽善老實人」。

假如A是「絕對騙子」

目前我們已經知道A並不屬於「老實人族群」。

而且在解說的一開頭,我們就分析過,在A、B、C這3人中並沒有「正義騙子」。由此可知,A應該是「絕對騙子」。

當A是「絕對騙子」,從A的發言中可以得知什麼訊息呢?

A:「不是我!偷吃的是B。B是老實人。」

既然這段發言是謊言,那麼就表示「A是偷吃者」「B是清白者」「B屬於騙子族群」。

由於已知3人之中並沒有「正義騙子」,因此,B也是「絕對騙子」。

既然B是「絕對騙子」，由此可見，B的「不是我」這段發言是謊話，因此「B是偷吃者」。但是如此一來就會使得偷吃者變成A與B這2人。

所以這個假設也不成立……

無解的問題？

咦？
無論A屬於4種類型中的哪一種，都會產生矛盾。

那麼，這一題不就無解了嗎？
怎麼會出現這種狀況？難道是題目錯了？
但是邏輯思考題是號稱「絕對能找出答案的問題」。
這到底是怎麼回事？

從邏輯上來說，前述的情況肯定是無解的。
既然如此，一定是忽略了什麼重要線索……
好，讓我們再從頭開始思考看看。

※下一頁會揭露真相，但如果可以的話，建議你憑自己的力量察覺**這一題的祕密**。

刻意布置的「陷阱」

讓我們從頭來過。
重新檢視「題目的內容」。

某座島上有4種人。

「絕對老實人」永遠說真話。
「偽善老實人」通常說真話，但是當自己做壞事時，會謊稱「不是我」。
「絕對騙子」永遠說謊話。
「正義騙子」通常說謊話，但是當自己做壞事時，會坦承「是我」。
島上發生了一起布丁被偷吃的事件。
有目擊者表示偷吃者只有1人，
究竟是誰偷吃了布丁？

關於4種人的說明，沒有其他詮釋的餘地。
整段文章裡面，就只有以下這句話讓人感到可疑。

「有目擊者表示偷吃者只有1人」

這個島上有4種人⋯⋯事件就發生在這個島上⋯⋯
原、來、如、此！
目擊者當然也是島上的人。也就是說──
目擊者有可能是「騙子」。

既然如此，「偷吃者只有1人」這個訊息不一定是真的。
既然以「偷吃者只有1人」這個訊息為前提的邏輯推論鑽進了死胡同，我們就只能認定這個前提是錯的。
這個事件的「目擊者」是騙子，因此偷吃者不是1人，而是0人、2人或3人其中之一。

原來是這樣⋯⋯！差點就上當了。

偷吃者的「人數」是多少人？

由於前提是錯的，我們完全回到了起點。只能打起精神，重新開始思考。我們先從「偷吃者的人數」開始進行假設。

首先，我們假設「根本沒有偷吃者」。
雖然這個假設幾乎是推翻了整道題目，但在這種特殊情況下，我們不能輕易放過任何可能的情況。

假如根本沒有偷吃者，A、B、C都是清白的。
但是既然每個人都一邊說著「不是我」（因為沒有人偷吃，這句必定是真話），又一邊說著「偷吃的是○○」，不論誰是老實人、誰是騙子，都必定至少有1人是偷吃者。

因此，偷吃者不可能是0人。果然這個世界不可能那麼和平。

假如3人全部都是偷吃者

接下來，我們考慮「3人都是偷吃者」的情況。
在這種情況下，因為A、B、C全都宣稱「不是我」，所以3人的身分若不是「偽善老實人」，就是「絕對騙子」。

而且由於A宣稱「偷吃的是B」（這必定為真話），因此可以肯定A是僅在「自己是偷吃者」這一點上撒謊的「偽善老實人」。
既然如此，A所說的「B屬於老實人族群」必定為真話，所以可知B的身分也是「偽善老實人」。
這麼一來，B所說的「C和我不同類型」也為真話，因此C必定是「絕對騙子」。

既然C是「絕對騙子」，應該只會說謊，但他說「偷吃的是A」，
這句是真話。這裡又出現了矛盾。
由此可知，偷吃者不是3人。

偷吃者既不是1人，也不是0人，也不是3人。
那就只有一種可能。
偷吃者是2人。
現在，終於可以開始真正的驗證了。

（再來一次）假如A是「絕對老實人」

首先，假設A是「絕對老實人」的情況。

A：「不是我！偷吃的是B。B是老實人。」
B：「不是我！偷吃的是A。C和我不同類型。」
C：「不是我！偷吃的是A。」

從A的發言，可以確定「A是清白者」、「B是偷吃者」、「B屬於老實人族群」。
然而B卻指著清白的A說「偷吃的是A」，這是一句謊話。
這與從A的發言中得知的「B屬於老實人族群」這一事實互相矛盾。因此，即便偷吃者是2人，這種情況還是不可能成立。

（再來一次）假如A是「偽善老實人」

接下來，我們考慮A為「偽善老實人」的情況。

A：「不是我！偷吃的是B。B是老實人。」

B：「不是我！偷吃的是A。C和我不同類型。」
C：「不是我！偷吃的是A。」

和第一次驗證時一樣，在A並非偷吃者的前提下，會與前述A為「絕對老實人」的情況出現相同的矛盾。
因此，接下來我們需要思考「A是偷吃者但僅在這一點上撒謊」的情況。

從A的發言可以確定「A是偷吃者」、「B是偷吃者」、「B屬於老實人族群」。
由於偷吃者是2人，所以這是成立的。
而且B雖然是偷吃者，卻宣稱「不是我」，因此可知B不是「絕對老實人」，而是「偽善老實人」。

而B宣稱「C和我不同類型」，由此可知，C的身分不是「絕對老實人」，就是「絕對騙子」。
因為C的發言「不是我」、「偷吃的是A」都是真話，所以C肯定是「絕對老實人」。終於找到了沒有矛盾的假設情況。

> A：偷吃者 偽善老實人
> B：偷吃者 偽善老實人
> C：清白者 絕對老實人

如果沒有其他可能的情況成立，這便是正確答案。

（再來一次）假如A是「絕對騙子」

最後，驗證A為「絕對騙子」的情況。

A：「不是我！偷吃的是B。B是老實人。」
B：「不是我！偷吃的是A。C和我不同類型。」
C：「不是我！偷吃的是A。」

既然A的發言是謊話，可知「A是偷吃者」「B是清白者」「B屬於騙子族群」。B說了「不是我」，依照A的發言，這句是真話。問題是同樣依照A的發言，B屬於「騙子族群」，不應該說真話，這裡出現了矛盾。由此可知，這個假設不成立。
可能成立的情況，只有A是「偽善老實人」。
從A的發言中可以知道，偷吃布丁的人是A和B。

> **答案** ｜ **偷吃布丁的人是A和B**

總結 真是一道非常有趣的問題！可以說是徹底實踐了批判思考的基本原則「如果結論有問題，就懷疑前提」，真的是非常棒的題目。如果有人能夠獨力解出答案，相信一定會獲得極大的成就感。作為「偽善老實人」的A和B，一邊主張「不是我」，一邊背叛共犯，兩人互相指控，這樣的情境真是讓人毛骨悚然。人性果然是太邪惡了！

POINT
- 前提就算看起來再怎麼理所當然，也不一定是事實。
- 懷疑所有訊息，並考慮所有可能性。

第 3 章

只有會
水平思考
的人

才解得開的問題

水平思考的核心概念，
是不被既有觀念或常識束縛，
自由自在地發揮靈感。
邏輯思考依據「事實→解釋→判斷」
進行縱向推理，
水平思考則是橫向思考
「還有沒有其他的方法？」

在英文被稱作「Lateral Thinking」，
例如「除了撐傘，還有沒有其他避免淋雨的方法？」
或是「有沒有可能不出門就把事情辦好？」
諸如此類，從全然不同的角度尋求解決辦法。

隨著年紀漸長及累積知識，
思維反而容易被經驗侷限。
但真正聰明的人，不會被常識或前例所束縛，
而能夠維持靈活的思緒。
本章將介紹13道考驗水平思考的題目。

保持思緒的靈活

難易度 ★☆☆☆☆

水平思考
1

在水平思考中,最重要的能力是「想像力」。唯有發揮想像力,才能推導出「很難想得到、但邏輯上正確無誤」的答案。先從這道題目來體驗那種感覺吧。

熊是什麼顏色?

某學者在野外搭帳篷時,
突然出現一頭熊。
學者慌張逃走,往南跑了10公里,
接著往東跑了10公里,
然後又往北跑了10公里,
結果回到帳篷所在之處。

請問,這頭熊是什麼顏色?

第3章 水平思考

> **解說** 往南10公里，往東10公里，往北10公里之後，回到了原點？這題目簡直莫名其妙，可能有人會懷疑是印刷錯誤。請不用擔心，題目並沒有印錯；問題是這樣的題目怎麼可能是對的？相信你正感到一頭霧水吧。更讓人摸不著頭緒的是最後竟然問的是熊的顏色！到底該如何尋找線索呢？

疑點重重的題目

學者慌張逃走，往南跑了10公里，接著往東跑了10公里，然後又往北跑了10公里，結果回到帳篷所在之處。

照常理推測，以這樣的路線移動，最後應該在帳篷東方10公里的位置才對。
然而學者卻莫名其妙回到原點。

先暫且撇開熊的顏色不談，理解這個疑點本身會是解答的關鍵。
學者究竟在哪裡？
咱們先來想這個問題吧。

世界是什麼「形狀」？

以「南→東→北」的路線移動，最後卻回到原地。
地球上真的有這種地方嗎？

答案是有的。
我在前文提到，以南→東→北的路線移動後，會到達出發點東方10公里處。
但這樣的推論其實不夠嚴謹。

因為**地球不是平面，而是個「球體」**（嚴格說是稍微扁平的橢圓球體）。曲面的影響，會讓情況產生一些變化。

因此有可能出現「往南10公里之後，不管怎麼在東西方向上移動，只要往北10公里就能回到起點」的地方。

那就是北極點。

由此可知，學者正在北極搭帳篷。
在北極出現的熊，會是什麼熊？

當然是北極熊。
因此答案是「白色」。

> **答案** ｜ 熊的顏色是「白色」

總結 這一題的關鍵，在於察覺問題中的「南」、「北」並非單純地圖上的上下方向，而是指「南極」與「北極」的方向。若一開始就認為「這根本不可能」而放棄思考，自然無法想出答案。許多水平思考的題目，都要求發揮這樣的「想像力」。但是別擔心，每道題目中都暗藏了能誘發靈感的線索。試著用更開放的心態，思考所有的可能性吧。

POINT

● 不要一開始就認定「不可能」，要靈活地思考各種可能性。

水平思考 2

拋開先入為主的思維

難易度 ★☆☆☆☆

阻礙我們靈活思考的最大因素,就是「先入為主」。在這道題目裡,你能捨棄常識或規則的束縛,找到真相嗎?

兩炷香

這裡有兩炷香,
都能精準燃燒60分鐘。

不過,香的燃燒速度並不固定,
有可能前90%在10分鐘內燒掉,
剩下10%卻需50分鐘才燒完。

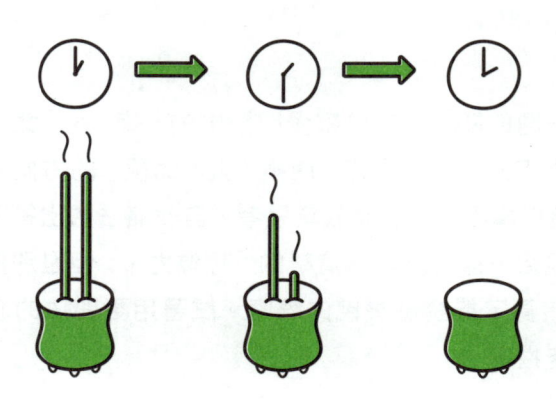

若你想用這兩炷香來計時45分鐘,
該怎麼做呢?

> **解說** 這道題問的是利用兩炷香來計時45分鐘。棘手之處在於「香的燃燒速度不固定」這項條件。假如燃燒速度固定,就可以使用「把香折成一半」之類方法⋯⋯本題考驗你的想像力,試著運用更靈活的思緒來想看看吧。

使用剛好燃燒60分鐘的香來計時30分鐘

香的特性是「點火後60分鐘就會剛好燒完」。
若要用它來計算「60分鐘」以外的時間,該怎麼做?
由於燃燒速度不固定,不能測量長度來折斷。
既然如此,只剩下一個方法,那就是⋯⋯
<u>從「兩端同時」點火</u>。

當從兩端同時點火時,不論過程燃燒速度變化,當這根香燒完的那一刻,必定是剛好30分鐘。因此,我們應該先這麼做:

- 第一炷香從「兩端」點火
- 第一炷香從「兩端」點火

等到第一炷香燒完時,只剩第二炷香還在持續燃燒。這代表自點火之後已經過了剛好30分鐘。
換句話說,第二炷香已燃燒了30分鐘,剩下部分會在30分鐘後剛好燒完。

把30分鐘剛好燒完的香再縮短為15分鐘

先利用剛好60分鐘燒完的香,兩端同時點火,計算了30分鐘。
手上剩下的,是能在30分鐘剛好燒完的香。

距離45分鐘，還有15分鐘。
只差一步了。

要再量出15分鐘，方法是點燃第二炷香尚未著火的另一端，讓它同時從兩端燃燒。如此一來，第二炷香接下來只需15分鐘就會燒盡。
第一階段30分鐘，第一炷香燒完；第二階段再過15分鐘時，第二炷香也完全燒完。以這個方法，就能精準計時45分鐘。

> **答案**
>
> 先同時點燃第一炷香的兩端與第二炷香的一端。當第一炷香燒完時，立刻點燃第二炷香的「另一端」。等第二炷香燒完時，便是從開始算起的45分鐘後。

總結 若腦中有著「香通常只從一端點火」的刻板印象，便難以想到這樣的解決方法。老實說，水平思考相當依賴「靈感」與「想像力」。但只要努力排除那些阻礙靈感的常識或既定觀念，通常就能找到問題的突破口。

POINT

- 捨棄「這東西就該怎麼用」的刻板印象，才能開拓先前未曾發現的思路。

察覺真正該解決的「根本原因」

難易度 ★☆☆☆☆

水平思考 3

直覺也會阻礙我們的想像力。有時看似簡單的解法，其實並沒有真正解決問題。這道題目是在考驗你能否洞悉真正需要解決的課題。

四艘小船

你必須將四艘小船運到河對岸去。
四艘小船橫渡河流分別需要──
1分鐘、2分鐘、4分鐘、8分鐘。

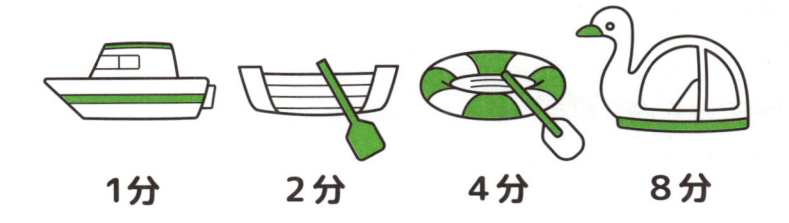

| 1分 | 2分 | 4分 | 8分 |

你一次最多可同時操縱兩艘小船，
且當你同時操縱兩艘小船渡河時，
所需的時間以「較慢的小船」為準。

想把所有小船都送到對岸，
所需的最短時間是多少？

> **解說** 雖然你的駕船技術高超，能一次操縱兩艘船，但你沒辦法讓小船的速度變快。若同時操縱「1分鐘」和「8分鐘」的小船渡河，就會花8分鐘。怎麼做才能讓四艘小船以最短的時間抵達對岸？也許某個意想不到的搭配方式才是關鍵。

最大的瓶頸是什麼？

不少人會回答「16分鐘」。
他們是這麼算的。

> ① 用「8分鐘」+「1分鐘」一起過河→耗時8分鐘
> ② 再用「1分鐘」的小船返航→耗時1分鐘
> ③ 用「4分鐘」+「1分鐘」一起過河→耗時4分鐘
> ④ 再用「1分鐘」的小船返航→耗時1分鐘
> ⑤ 最後用「2分鐘」+「1分鐘」一起過河→耗時2分鐘
> 總計 8＋1＋4＋1＋2＝16分鐘

讓往返時都盡量用最快的「1分鐘」船，是不錯的想法。
但其實還能再快一些。

把最慢的兩艘小船同時運過去

問題的根源，在於「慢速小船」佔用太多時間。
所以除了考慮「返航用最快小船」外，
<u>也要想辦法「讓最慢的兩艘一起過去」，避免重複耗時。</u>

既然「8分鐘」小船無論和哪艘一起過，都要花8分鐘，不如直接把它和「4分鐘」小船一起帶過，以減少慢船渡河的次數。

不過，如果讓「4分鐘」小船返航，就會浪費很多時間，因此要事先把「1分鐘」或「2分鐘」小船送到對岸，方便返航。

① 「1分鐘」+「2分鐘」一起過河→耗時2分鐘
② 「1分鐘」返航→耗時1分鐘
③ 「4分鐘」+「8分鐘」一起過河→耗時8分鐘
④ 「2分鐘」返航→耗時2分鐘
⑤ 「1分鐘」+「2分鐘」一起過河→耗時2分鐘

全部加起來 2＋1＋8＋2＋2＝15分鐘。

答案	15分鐘

總結　「同時進行較費時的工作」這種思維，在日常生活中同樣實用。這提醒了我們不只要想「最有效率的方法」，也要注意「哪些因素會降低效率」。

POINT

- 除了要思考「良好策略」，也要注意對於「負面因素」的處理方式，這往往能帶來新的靈感。

水平思考 4

逆向思考的能力

難易度 ★★☆☆☆

前面的題目,對具有豐富想像力的人來說,或許會覺得過於簡單。下面這題**需要更多的靈感**,你能順利解開嗎?

龜速賽馬

有兩名騎士在比賽騎馬,國王說道:
「你們兩人比速度,獲勝馬匹的主人將獲得寶物。但是馬匹較慢到達終點才算獲勝。」

於是兩人都慢吞吞地騎著馬,
想盡辦法不比對手更快抵達終點。
這樣下去根本比不完,誰都贏不了。
路過的賢者說出了「某個提議」之後,
兩人頓時以驚人的速度衝向終點。

請問賢者說了什麼?

解說 如果按照一般賽馬規則「先到者勝」，就沒這些麻煩了……這道題改編自一個流傳已久的著名問題。它考驗的完全是想像力，需要具備最靈活的思維。

仔細看清楚「勝利條件」

勝利條件乍看之下似乎是「自己比對方晚到終點才算贏」。
所以兩名騎士才會騎得慢吞吞。然而，仔細看清楚，在這題內，國王是這麼說的：
獲勝馬匹的主人將獲得寶物。

國王說的是「獲勝馬匹」，而不是「獲勝的騎士」。
換句話說，贏的條件是「自己的馬較慢抵達終點」。
反過來說……
「只要對方的馬先到終點，自己就贏了」。

嘗試逆向思考

看懂了「勝利條件」，接下來就簡單了。
兩人交換馬騎，只要比對手早到終點，自己就贏了。
這麼一來，就變成普通的賽馬了。
這就是賢者的提議。

答案 ｜ 「兩人交換馬騎。」

總結 只要確實釐清「必須達成的條件是什麼」，就能想到「交換馬匹」這個逆向思考的解法。如果一直執著在「較晚到的才算贏」，就永遠想不出解決辦法。

如果面對一個問題，實在想不出解決方案，不妨換個方向重新檢視「究竟要滿足什麼條件」。確認了「不能變更的重要關鍵」後，就能自由變動其他部分，也會拓展你的想像力。在創作的世界裡，常有人說「有限制條件的創作，反而能激發創意」，或許也是這個道理。在建立新構想時，先想想「哪些條件絕對不能改動」，肯定會大有幫助。

POINT

- 先確認「哪些部分不能更動」，才能在其他部分發揮自由想像。

善用「限制」
來協助想像

水平思考

5

難易度 ★★☆☆☆

「限制越多,越能激發想像力」。接下來這道題目,會讓你進一步掌握這種感覺。你是否能察覺**最關鍵的問題本質**?

橫越沙漠

有一座沙漠,徒步橫越需要6天。
你想嘗試挑戰橫越這片沙漠。

你可以雇用搬運行李的挑夫,
但包含你在內,每個人最多只能攜帶4天份的糧食。

請問你需要雇用多少名挑夫?
前提是所有人都必須安全離開沙漠。

第 3 章 水平思考

解說 這題其實不需要複雜的計算，重點是找出關鍵環節。將注意力放在「必須遵守的限制」上，就能自然而然轉換成另一種思維方式了。

一定要做的「兩種行為」

這道題目有幾項限制。

第一，每個人最多能攜帶4天的糧食。

但穿越沙漠需要6天，所以光是自己攜帶的糧食肯定不夠。這意味著……

一定要「拿取」他人所攜帶的糧食。

而拿取糧食的對象，自然就是挑夫。

但是要注意，不能讓挑夫因為糧食被你取走而在沙漠中罹難。

因為第二個限制就是「所有人都必須安全離開沙漠」。

這意味著你在取走挑夫的糧食後……

挑夫身上必須「留下」能自行返回出發點的足夠糧食。

> - 糧食攜帶上限只有4天份 → 你必須「拿取」挑夫所攜帶的糧食
> - 所有人都必須安全離開沙漠 → 一定要給挑夫「留下」返回的足夠糧食

若只雇用1名挑夫，能達成目標嗎？

確定了解決方案後，接著，我們就來設想至少需要幾名挑夫。

如果只有1名挑夫，能不能解決問題？

……顯然是不行。

你最多只能帶4天糧食,所以你得從挑夫身上拿取2天份糧食,自己才能湊足6天份。但每個人身上的糧食上限是4天份。

這意味著你要從挑夫身上拿取2天份糧食,必須是在出發的2天後。但此時挑夫自己也只剩2天份糧食。若挑夫把這2天份糧食都給你,自己就無法平安返回出發點。

若雇用2名挑夫呢?

接著我們來思考2名挑夫的情況。

你和挑夫A、挑夫B共3人,出發時各帶4天糧食。到了第1天晚上,你們身上的糧食如下。

- 第1天晚上(旅程剩下5天)
  你:剩3天份糧食
  挑夫A:剩3天份糧食
  挑夫B:剩3天份糧食

此時,讓挑夫B返回出發點。為了平安離開沙漠,他得保留1天份糧食給自己。於是,他把2天份糧食分給你和挑夫A。

- 第1天晚上(旅程剩下5天)
  你:補充為4天份糧食
  挑夫A:補充為4天份糧食
  挑夫B:剩1天份糧食

第2天的行動

挑夫B返回出發點。

於是，第2天晚上狀況如下：

> ・第2天晚上（旅程剩下4天）
> 你：剩3天份糧食
> 挑夫A：剩3天份糧食

此時你讓挑夫A將「1天份」的糧食交給你。變成以下這樣。

> ・第2天晚上（旅程剩下4天）
> 你：補充為4天份糧食
> 挑夫A：剩2天份糧食

挑夫A手上還有「2天份」糧食，足夠花2天返回出發點。
而你則擁有4天份糧食，可以順利抵達終點。

答案　　2人

總結 關鍵在於能否從前提的「兩項限制」，推導出「向挑夫拿取糧食」以及「讓挑夫保留回程的糧食」這兩項行動。只要審慎分辨哪些規則能改、哪些不能改，便能排除無謂的思考，精準鎖定必須解決的問題。這道題證明了「限制」也能成為想像力的來源。

POINT

- 只要釐清「非達成不可的條件」，就能以靈活思維找出達成該條件的必要行為及手段。

擺脫狹隘視野

水平思考 6

難易度 ★★★☆☆

若想培養靈活的想像力,有時改變「思考對象」也是非常很有效的做法。而你是否能夠發現,**本題中最主要的那個關鍵**?

天平與9枚金幣

你面前有一座天平和9枚金幣。
金幣的外觀完全一樣,
但其中有1枚比其他的還要輕。

使用2次就會壞掉

你想利用天平找出那枚較輕的金幣,
不過只能使用天平2次。
請問該怎麼做?

第3章 水平思考

解說 這道題是常見於大腦訓練問題的「天平」題型。在國外稱為「Balance Puzzle」或「Counterfeit Coin Puzzle」,可說是邏輯思考的經典題型。這題算初級版,難度不高,建議先不看提示自行嘗試。

「天平問題」的基本策略

這類問題有一個基本觀念,那就是:
「**每次使用天平,都可以確認3組物品的輕重狀況**」。

「等等,天平不就只能比較左右兩邊嗎?」
或許你心中會有這樣的疑惑,讓我們舉個例子來說明。

> 「在3枚金幣裡,只有1枚較輕,如何只用1次天平,就確定哪一枚較輕?」

方法是先選2枚,分別放天平兩端。
如果天平傾斜,就知道較輕的是哪一邊。
那如果天平保持平衡呢?
這種情況代表未擺上天平的那枚才是輕的。
換句話說,天平不只比較兩端物品的狀況,**也能確認「未被量秤之物」的狀況**。

量秤2次,找出「9分之1」的方法

本題的做法很簡單,只要把上述天平策略重覆2次就行了。
第1次,先將9枚金幣分成3堆,每堆3枚。將其中2堆放上天平左右。

這麼一來，就能判斷「較輕的金幣在哪一堆裡頭」。
如果天平傾斜，較輕的金幣就在上揚的那一堆裡頭。
若天平保持平衡，則是在沒放上天平的那一堆裡頭。

第2次量秤時，拿該堆3枚金幣中任意2枚放上天平的左右兩端。
這樣就能知道哪一枚是「較輕的金幣」了。
如果天平傾斜，「較輕的金幣」就是上揚的那一枚。
若天平保持平衡，則是沒放上天平的那一枚。

> **答案**
>
> 先將9枚金幣分成3組（A、B、C）各3枚。
> 先量秤A組與B組。
> 如果天平傾斜，
> 表示上揚那組有「較輕的金幣」；
> 若天平保持平衡，
> 表示C組有「較輕的金幣」。
> 然後在該組3枚金幣中，再任意選2枚放在天平左右。如果天平傾斜，「較輕的金幣」就是上揚的那一枚。若天平最後保持平衡，則是沒放上天平的那一枚。

總結　「這個年代，誰在現實社會裡會用到天平？」或許你心裡會這麼想。事實上，我自己也從來沒有使用過。不過，「把注意力放在尚未確認的事物」這種思考轉換法，在許多時候都能派上用場，記在心裡絕對不吃虧。

POINT

- 不只檢視已驗證的內容，也要留意「尚未驗證的部分」，或許能從中獲得線索。

水平思考 7

留意「隱藏的部分」

難易度 ★★★☆☆

改變觀察的對象,有助於激發新的靈感。秉持著這個原則,我們來試試稍微難一點的題目。

26張鈔票

錢包裡有26張鈔票。
隨機抽出20張擺在桌上。

無論怎麼抽,
都保證有至少1張1千日圓、
2張2千日圓、5張5千日圓。

請問,錢包裡的總金額是多少?

解說 本題雖然給的訊息很少,但一定解得出來。只要留意某個關鍵,應該就能瞬間領悟。任何微不足道的確定條件,都可能是切入點。

提示 6人房不能容納7人住。

各種紙鈔的「最少張數」是多少?

題目裡說到不管怎麼抽那20張,都保證有「至少1張1千日圓、2張2千日圓、5張5千日圓」。
根據這句話,就可以算出1千日圓、2千日圓、5千日圓紙鈔的「**最少張數**」(錢包裡至少有的數量)。

舉例來說,「26張中抽20張,保證有至少1張1千日圓」,這就代表……
1千日圓的數量至少是「沒有被抽到的6張+1張」。

否則就會出現20張完全沒有1千日圓的情況。

「沒被抽到的6張」是關鍵

只要1千日圓鈔票有7張以上,**無論怎麼抽20張,都不可能讓這20張裡完全沒有1千日圓**。
因為7張1千日圓鈔票,不可能全部擠入題目裡「沒有被抽到的6張」之中。

> 所以1千日圓鈔票必定是「沒有被抽到的6張+1張」以上,也就是7張以上。

用同樣的推論方式可以得出：

> 2千日圓鈔的最少張數是「沒有被抽到的6張＋2張」＝8張以上
> 5千日圓鈔的最少張數是「沒有被抽到的6張＋5張」＝11張以上

把所有的最少張數相加，得到 7＋8＋11＝26。
而錢包裡剛好是26張鈔票。 由此可知26張鈔票分別為：

> 1千日圓鈔 7張
> 2千日圓鈔 8張
> 5千日圓鈔 11張

將這些金額加總，是7萬8千日圓。

答案　　　7萬8千日圓

總結 乍看之下好像線索不足，似乎解不出來。但只要留意「未被選到的那6張」，並加以推論，便能迎刃而解。這道題提醒了我們，不僅要注意眼前的訊息，也要聯想到「看不見的部分」可能蘊含的關鍵事實。適時地轉換思考角度，往往能帶來新的靈感。

POINT
- 眼前的訊息不一定是全部的線索。
- 關注「看不見的部分」，也可能得到重要的線索。

改變「思維」
激發想像力

難易度 ★★★☆☆

水平思考

8

只要改變觀察角度，往往就能發現線索。但若想更靈活地發揮想像力，有時甚至需要**改變「思維方式」**本身。只要記住這一點，接下來這題應該也難不倒你。

白球與黑球交換

有一個箱子，裡面裝了20顆白球和13顆黑球。
你從箱裡任意抽出2顆球。

若2顆同色，就往箱中放回1顆白球；
若2顆不同色，就往箱中放回1顆黑球。

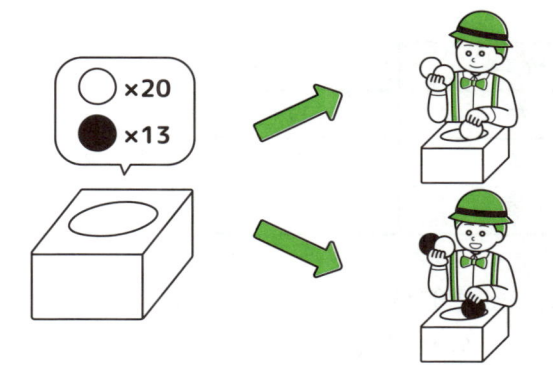

你重複這個動作，拿出2顆，放回1顆。
因此，箱內的球數會逐漸減少。最後箱中剩下1顆球，

請問，那顆球會是什麼顏色？

第3章 水平思考

> **解說**「因為最初放進去的是白球較多,所以總覺得最後會剩下白球吧。」你心裡面可能也是這麼想的吧?拜託此時一定要克制住,千萬不要放棄邏輯思考!而且你也不用太擔心,我們不必一一驗證取出的球的所有組合。正如標題所說,重點在於你有沒有察覺到關鍵線索。

箱子裡的狀態會如何變化?

取出2顆球,若顏色相同就放入1顆白球,如果顏色不同則放入1顆黑球。

因為是「取出2顆→放入1顆」,所以每進行1次行動,箱子裡球的數量就會減少1顆。

這題乍看有點難,但其實<u>只要能簡化模式,就會變得很簡單</u>。
每次進行取球及放球的行動,箱子內都會發生以下變化:

取出的球	放入的球		箱子內的增減
白・白	白	▶	白球-1
黑・黑	白	▶	黑球-2・白球+1
白・黑	黑	▶	白球-1

此時我們應該注意的是「黑球的減少模式」。
可以看得出來,只有當取出的2顆球都是「黑球」時,箱子裡的黑球才會減少。

減少的數量並非重點

讀到這裡,可能有人會以為「因為黑球減少的模式較少,所以最

後剩下的是黑球」……但這同樣並非事實。
重點不在於減少的數量或機率,而在於……
黑球每次減少必定是「少2顆」。

箱子裡最初放入的球,數量是「白球20顆、黑球13顆」。
由此我們可以得知,黑球在箱子裡必定會剩下奇數顆。

黑球會從13→11→9→7→5→3→1依次減少,在最後一次取球時,箱內必定是「白1、黑1」的狀況。
最後取出的2顆球,球的顏色為「白、黑」,因此放入箱子的是黑球。
由此可知,最終留在箱子內的就是黑球。

答案 | 箱子內最後剩下的球是「黑色」

總結「從某容器中取出不同顏色的球,並執行某動作」這類題目,是大多數人最不擅長的「機率問題」中相當常見的類型。所以我第一眼看到題目時,心裡就大喊「不妙」。沒想到,結果證明這題和機率完全沒有任何關係……只要把注意力放在「減少方式」而不是「數量」,就能瞬間知道答案。不過,要看出端倪,確實需要一些想像力,能夠靠自己的實力解出這題的人真的很厲害。

POINT

- 別光是注意看得見的物體和現象,若將目光投向物體和現象背後的「規律」,也有可能激發靈感。

水平思考 9

察覺「根本問題」

難易度 ★★★☆

在思考題目的要求之前,先試著想一想「這樣的推論是否適當」,也是培養靈活思維的必要條件。接下來這個問題,你能找出應該注意的重點嗎?

17頭牛

有17頭牛。
A、B、C共3人將繼承這些牛。
但條件是A必須取得牛隻總數的2分之1,
B必須取得3分之1,C必須取得9分之1。

$\frac{1}{2}$　$\frac{1}{3}$　$\frac{1}{9}$

正當大家因無法妥善分配而苦惱時,
偶然路過的朋友做了「某件事」,
成功依照條件將牛隻分配給了3人。
這個朋友究竟做了什麼?

> **解説** 「為什麼分個牛也可以搞得這麼麻煩……」沒錯，我也這麼覺得，但現在不是說真心話的時候。事實上，這是一個相當有名的經典問題。邏輯的力量，竟然連這麼棘手的問題也能解決，是不是讓你感到很驚訝呢？

有沒有發現這其實是不可能的任務？

首先，讓我們依據題目描述來檢驗是否真的「無法妥善分配」。

> A 的 2 分之 1 ＝ 8.5 頭
> B 的 3 分之 1 ＝ 5.6666… 頭
> C 的 9 分之 1 ＝ 1.8888… 頭

的確，不管哪個條件都無法整除。
事實上，這些條件還有一個大問題：

> 1/2 ＋ 1/3 ＋ 1/9 ＝ 17/18

等於是要將 17 頭牛分成 18 等份，**所以這是不可能的任務**。

朋友做的「某件事」究竟是什麼事？

既然如此，那我們就以強硬的手段，讓 17 可以分成 18 份。
該怎麼做呢？
很簡單，只需加上 1 頭牛，湊足 18 頭就行了。
而這正是那位朋友所做的事。

> A：全體（18頭）的2分之1＝9頭
> B：全體（18頭）的3分之1＝6頭
> C：全體（18頭）的9分之1＝2頭

依照各自的條件進行分配完全沒有問題。
「連題目的數字都可以改，這樣沒有犯規嗎？」
或許有人會這麼想，但完全不用擔心。按照上述分配的結果是：

9＋6＋2＝17

所以「分配了17頭」這個事實並未改變。只要將多出來的1頭（那個朋友加進去的1頭）歸還給朋友，就能實現「完全符合條件」且「無人吃虧」的分配工作。

答案　　　朋友額外加了1頭牛

總結 原本因為難以整除而無法分配，竟然只需要加上1頭牛就可以成功，而且那1頭牛最後仍然保留著沒有被瓜分。這是一道相當有趣的問題，考驗了我們的創意思維。必須先察覺原本的條件不可能達成，接著才會想到「乾脆加1頭牛」上去。順帶一提，此題的原始題目是「3個兒子與17頭駱駝」。據說是由兩、三千年前一位無名的阿拉伯數學家所想出來的。

POINT
- 墨守於既定的情境，可能很難找出答案。
- 遇上問題應該先思考：「這樣的推論是否適當？」

不受狀況束縛地思考

水平思考 10

難易度 ★★★★☆

注意問題所呈現的狀況固然重要,但也應該要避免被狀況束縛而失去思考空間。試著發揮自由的想像力,解答以下這個問題吧。

10枚硬幣

桌子上放著許多硬幣。
只有10枚正面朝上,
其餘皆為反面朝上。

你必須蒙住眼睛,將硬幣分成兩組,
並使這兩組中「正面朝上的硬幣」數量相同。
請問,該怎麼做呢?

第3章 水平思考

解說 雖然題目很簡單，但要想出解法可是一點也不容易。在邏輯思維問題中，此題對想像力的要求堪稱是最高等級。但是請放心，不需要在蒙住眼睛之前搞小動作，或是暗中借助他人的力量，完全可以用邏輯的方法解題。順便一提，當初這題我自己也解不出來⋯⋯

提示 不要被「有10枚正面朝上」這一前提狀況所束縛。

答案非常單純

說實話，這是一道徹底考驗想像力的問題，因此我們很難靠「找線索」的方式推導出答案（抱歉⋯⋯）。
所以我先公布答案。
只要照著以下這個方法，就能解開這一題。

> ① 將所有硬幣分成「10枚硬幣」組和「其他硬幣」組。
> ② 接著將「10枚硬幣」的硬幣全部翻面。
> ③ 如此一來，兩組硬幣的正面數量就會相同。

⋯⋯哈哈。
我想你現在一定是滿頭問號吧？
接下來我將說明為什麼這樣做就能解決問題。

將硬幣分成兩組

首先，將眾多硬幣分成「10枚硬幣」組和「其他硬幣」組。
「10枚硬幣」中包含的正面硬幣數量其實並不重要，它可以是任意數量。

畢竟被蒙住眼睛，根本無法挑選硬幣。
此時，我們假設「10枚硬幣」中正面硬幣的數量為n，則成立如下關係：

- 「10枚硬幣」中正面硬幣數為n枚。
- 「其他硬幣」中正面硬幣數為（10-n）枚。

突然使用「n」這樣的數學符號，請見諒……
我保證本書不會再出現像這麼正式的數學符號，這裡還請多多包涵。
總而言之，來舉個簡單的例子。
<u>假如「隨機挑選的10枚硬幣」組中有3枚正面硬幣，則「其他硬幣」組中就有7枚正面硬幣。</u>

大概就是這樣的意思。
起初所有硬幣中，有10枚是正面朝上，所以這是理所當然的結果，對吧？那麼，接下來呢？

將「10枚硬幣」全部翻面

接著，在這個狀態下，將「10枚硬幣」中的硬幣全部翻轉。

由於其中有n枚正面硬幣，翻轉之後，正面硬幣的數量就會變為（10-n）枚。
是不是依然有點難以理解？同樣舉上面那個例子……
<u>若將「3枚正面、7枚反面的10枚硬幣」全部翻轉，會變成「3枚反面、7枚正面」。</u>

現在,讓我們再確認一次這兩組硬幣的狀態。

- 「10枚硬幣」中正面朝上的硬幣有(10-n)枚。
- 「其他硬幣」中正面朝上的硬幣有(10-n)枚。

這樣一來,兩組硬幣中,正面朝上的硬幣數量就完全相同了!

答案 將所有硬幣分成「10枚硬幣」組和「其他硬幣」組。接著將「10枚硬幣」中的硬幣全部翻面。這樣兩組硬幣中正面朝上的硬幣數量就會相同。

總結 從「10枚硬幣正面朝上」的題目狀況,容易以為必須將正面硬幣平均分成各5枚一組,但文章中並未如此規定。是否能夠浮現「翻轉硬幣」這樣的靈感就成了關鍵。如果前提條件是「7枚硬幣正面朝上」的狀況,也許就會意識到答案並不是單純將正面硬幣分開。「因為是偶數,所以應該可以直接分開」的先入為主的想法,反而成了妨礙解題思路的阻撓。順帶一提,據說在蘋果(Apple)和摩根大通(J.P. Morgan)的招聘考試中非常喜歡考這一題。

POINT

- 「因為這樣,所以必須這麼做」的刻板印象會阻撓解題思路。

激發思維跳脫的最佳策略

水平思考 11

難易度 ★★★★★

有一個絕招,能夠幫助你捨棄刻板印象,激發思維跳脫。在接下來的這道問題中,就讓我們來嘗試看看。

一堆偽幣

有10堆硬幣,
每堆由10枚硬幣組成,每枚1公克。
其中9堆由真幣組成,
但剩下1堆全部是偽幣。

已知偽幣比真幣重1公克,
但因重量太輕,單純用手拿取難以分辨。

因此你打算使用能顯示數值的電子磅秤
來查明哪一堆是偽幣。

請問至少需要使用幾次電子磅秤?

第 3 章 水平思考

解說 此題所問的是使用電子磅秤的「最少次數」。這點非常棘手，例如當你找到了用5次就可以確定的方法，也不能斷言少於這個次數就絕對無法確定。這樣的問題，真的能得出不容質疑的明確答案嗎？聽起來似乎很難做到，但是請大家放心。這道題肯定能得出「無法再更少的明確答案」，看完之後保證讓你的心情豁然開朗。

提示1 偽幣堆中的硬幣全部都是偽幣。
提示2 電子磅秤上可以放任意數量的硬幣。

如果按一般思路來解題，會怎麼做？

10枚硬幣共有10堆。
也就是說，現場共有 $10 \times 10 = 100$ 枚硬幣。

由於偽幣比真幣重1克，如果要辨別它們，便得先秤第1堆，再秤第2堆……
如此一直到第9堆都要秤量一遍。
也就是說，至少需要使用電子磅秤9次。

雖然這麼想好像理所當然，但這是錯誤的做法。
實際上需要使用的次數少更多。

如何確定取樣硬幣的出處

關鍵在於各堆的結構。
偽幣的堆，10枚硬幣全都是偽幣。
也就是說，從10堆中各取樣1枚硬幣，其中必定包含偽幣。

換句話說，在取樣的10枚硬幣中，重量不同的那1枚，其原本所在的堆就是偽幣的堆。

問題在於，如果每次只取樣1枚硬幣的話，最終還是需要多次使用電子磅秤。**因此，我們應該根據不同的硬幣堆，改變取樣硬幣的數量。**

第1堆取樣1枚，第2堆取樣2枚，第3堆取樣3枚……第10堆取樣10枚。這樣抽取出的硬幣，數量為「1＋2＋3＋4＋5＋6＋7＋8＋9＋10＝總共55枚」。只要將這些硬幣一起放在電子磅秤上即可。

肯定是正確答案

55枚硬幣如果全部是真幣，重量應該為55公克。
但因為至少混入了1枚以上偽幣，所以實際重量會比55克重了幾公克。
55枚硬幣比「真幣55枚的重量」多重了幾公克。
只要計算這個數字，就可以得知偽幣來自哪一堆。

例如，若取樣的55枚硬幣比原本的重量重1公克，就意味著混入了1枚偽幣。僅取樣了1枚硬幣的那堆，便是有偽幣的那堆。

用這個方法，只需使用1次電子磅秤就能辨識出偽幣是哪一堆。因為次數不可能比1次更少，所以我們可以明確地說「這就是正確答案」。

第3章 水平思考

答案　　　只需使用電子磅秤1次

總結 透過改變從每堆中抽取硬幣的數量,可以將結果的數值與產生原因的硬幣堆直接連結起來。這題雖然帶有一些靈感成分,但重點在於一開始就要尋找「1次就能解決問題的方法」。若依照一般思維方式,必定需要多次使用電子磅秤。倘若以一般做法為起點,逐步提高效率,最後恐怕很難得出只需1次的答案。正因為打從剛開始就決定了「只用1次」的方針,才激發出了顛覆性的思維跳脫,而非僅僅是改良或改善。設定一個看似魯莽的目標,便會自然而然地催生出突破性的想像力,讓水平思考發揮作用。

POINT

- 設定一個常規方法無法實現的「魯莽目標」,就能逼迫自己產生異想天開的靈感。

放棄可能性的勇氣

難易度 ★★★★★

當某種方法無法成功時,如果執迷不悟,就會陷入死胡同。接下來的問題考驗你能不能果斷捨棄那些可能性,開闢新的道路。

水平思考
——
12

郵寄寶石

你想要將寶石寄送給客戶,但對方的國家治安惡劣,
必須使用上了鎖的箱子,寶石才不會被偷走。
只要加上鎖,寶石就不會遭竊,能夠安全郵寄出去。
鑰匙鎖並沒有種類或數量的限制。

但是客戶手上並沒有你的鎖的鑰匙。
而且如果將「鑰匙」與「上了鎖的箱子」一起寄送,
當然箱子就會被打開,寶石也會被偷走。

請問該如何才能安全地郵寄寶石呢?
(①不能單獨寄送鑰匙。②不能使用密碼鎖。③箱子無法使用暴力破壞。)

第3章 水平思考

解說 想要寄送寶石，但寶石必須放入「上鎖的箱子」，否則無法安全寄送。這一題的最大關鍵，在於如何寄送鑰匙。如果將鑰匙與箱子一併寄送，箱子會被打開，寶石就會被偷走。而如果將鑰匙放進箱子裡再上鎖，客戶同樣無法打開箱子。只要仔細思考，就會發現這一題非常棘手。

這是一道完全沒有出現數字的邏輯思考題。正因如此，更加考驗創意思維的發揮。當你看到答案時，肯定會拍案叫絕……思考看看，有什麼方法可以解決這個問題？

提示1 箱子無論往返寄送多少次都可以。
提示2 「鑰匙鎖並沒有種類或數量的限制」是一大重點。

重點在於往返寄送次數

聽起來像是不可能的任務，但其實有一個非常聰明的解決方法。我在此先公布答案。

> ① 你在箱子上頭加上「鎖A」後寄送給客戶。
> ② 客戶收到箱子後，在上頭加上「鎖B」並寄回給你。
> ③ 你收到箱子後，解開上面的「鎖A」，再將箱子寄送給客戶。
> ④ 客戶收到箱子後，解開「鎖B」打開箱子，取出寶石。

以上的流程就是解決辦法。

能否洞悉提示的意義？

由於這是個考驗創意思維的問題，無需特別解釋，我在此只強調兩個重點。

「鑰匙鎖並沒有種類或數量的限制。」

能否從這條訊息中看出端倪，是解開本題的一大重點。請記住，在邏輯思維問題中，**基本上不會出現「無用的訊息」**。
能不能從這句話想到「多加一道鎖會怎麼樣」，便成了解題的分水嶺。

能否察覺題目中的「不可能」

另一個重點，在於能否意識到**「無法靠一次郵寄解決問題，必須多次往返」**。如果先入為主地認為「必須一次解決」，就無法解開這個問題了。
當我們嘗試了各種方法都無法一次解決，就應該果斷放棄這個可能性。

這樣一來，思緒應該就能順利被引導到「是否能靠多次郵寄解決問題」。就這層意義上，這是不折不扣的「水平思考」問題。

> **答案**
> 你在箱子上頭加上「鎖A」後寄送給客戶。
> 客戶收到箱子後，
> 在上頭加上「鎖B」並寄回給你。
> 你收到箱子後，解開上面的「鎖A」，
> 再將箱子寄送給客戶。
> 客戶收到箱子後，
> 解開「鎖B」打開箱子，取出寶石。

總結 解決不涉及數字的問題，真是令人身心舒暢。當初第一個想到「不是設法讓客戶打開箱子，而是讓客戶上鎖再寄回」的人，水平思考肯定是處於巔峰狀態。順帶一提，從現實角度來看，其實可能存在「偷走箱子的人冒充客戶採取正確程序，打開箱子取走寶石」的風險。關於這一點，只能相信題目中那句「只要加上鑰匙鎖，寶石就不會遭竊，能夠安全郵寄」的敘述。

對了，「使用兩把不同的鑰匙來增加寄送與接收的安全性」的概念，在現實中的網路安全中也常被採用。特別著名的例子，有結合了公鑰與私鑰加密方式的「SSL」。

POINT

- 當一種辦法無論怎麼想都無法解決問題時，就要果斷放棄那個辦法，另外尋找其他的可能性。

將各種訊息轉化為水平思考的養分

水平思考 ── 13

難易度 ★★★★ + ★★

這題相當困難，算是水平思考的集大成。你能否根據題目中的所有訊息，透過水平思考引導出答案？

投票結果的計算

某地方舉行了一場選舉。
你被選為計票人員。
唱票者會一票一票唸出獲票者的名字。
你知道有1名候選人得到了過半數的選票，
你想要確認那個候選人是誰。

你手上的工具，
只有一個可以「加1」或「減1」的計數器。
此外，候選人有好幾名，
但你每次只能記住1個名字。

請問，你該怎麼做？

第 3 章　水平思考

解說 想都不用想，光看題目就知道超難……雖然問題本身非常簡單，但是完全讓人不知道該如何下手。「每次只能記住1個名字？」光是這個條件，就讓人感覺這根本是不可能的任務。何況就算沒有這個條件，一個正常人也沒有辦法單靠記憶，記住所有候選人名字並進行票數統計。題目中提到的要素並不多，請試著把它們都當作線索，靈活地找出解決方案吧。順帶一提，請不要說出「輸入到電腦中」或「將投票用紙依候選人分開後比較數量」這種腦筋急轉彎式的答案。

提示1 並不需要知道所有候選人的得票結果。
提示2 最終只需要知道得票過半的人就行了。

把題目所給的所有訊息都當作線索

邏輯思考問題的基本原則，在於「從題目給予的所有訊息中找出線索」。

想想看，題目所給的唯一工具是什麼？

可以「加1」或「減1」的計數器。

稍微想一下，你應該會發現一件事——
那就是「能減1的計數器相當罕見」。
一般的計數器，通常只能加1或歸零。題目中的計數器竟然能減1，這代表……
「減1」這個行為在本題中非常重要。
你不覺得這個暗示非常明顯嗎？

此外,「每次只能記住1個名字」這個條件也頗耐人尋味。
雖然無法同時記住2個名字,但至少能記住1個,這表示……
至少可以判斷被唸出的名字是否與自己記住的名字相同。
這又是一個重要的提示。

先從「簡單的情況」開始推想

遇到這種題目,建議先從「簡單的情況」開始設想起。
比方說,我們假設唱票者依序唸出的候選人名字為:「A、B、C、B、B」。
對唸出的名字執行「記住」及「加1」或「減1」的行為,最終只要記住那個得票過半的「B」,就算是成功了。

首先唸出的第1個名字是「A」。
因為是第1個名字,暫時就先記住,並讓計數器加1。
接著的「B」該如何處理,讓人有些摸不著頭緒。但如果像「A」一樣加1,就無法分辨出「B」與「A」的區別了,因此在這裡試著減1看看。
減1之後,計數器歸零。
然後是「C」。這裡嘗試改為記住這個候選人的名字,並讓數字加1。

接著下一個唸出的「B」,又與記住的「C」不同。
在這裡也是一樣的道理,如果直接加1,就無法與「C」區分,因此同樣將數字減1。
這麼一來,數字再度歸零。但最後又唸出一個「B」,於是再將記憶的候選人的名字改成「B」,最終計數器數值停留在1。

最後記住的名字,確實是獲得過半數選票的「B」。

繼續以其他案例進行驗證

在剛才的案例中進行的動作,可歸納如下。

- 記住第1個唸出的名字,並將計數器的數字加1。
- 當計數器數字大於或等於1時,如果唸出的名字與記住的名字相同,將數字加1。
- 當計數器數字大於或等於1時,如果唸出的名字與記住的名字不同,則將數字減1。
- 當計數器歸零時,記住下個唸出的名字,並將數字加1。

不過這次雖然成功了,有可能只是剛好成功的「個案」。
換成了其他的案例,可能會產生以下問題。

① 如果最後唸出的不是獲得過半數選票的候選人,還是照樣能成功嗎?
② 如果曾從記憶中刪除的候選人最終獲得過半數選票,還是能成功嗎?

以下,我們就來驗證看看。

「獲得過半數選票的候選人」在中途才出現的情況

例如唸出的順序為「A、A、B、B、B、A、A、A、C」。
以下將以〔「記住的名字」:『唸出的名字』:計數器的數字〕
的紀錄形式進行模擬。

- 「　」：『A』：1（記住最初被唸出的候選人）
- 「A」：『A』：2（因為與記住的「A」相同，所以數字加1）
- 「A」：『B』：1（因為與記住的「A」不同，所以數字減1）
- 「A」：『B』：0（因為與記住的「A」不同，所以數字減1）
- 「　」：『B』：1（計數器歸零，所以重新記住『B』並數字加1）
- 「B」：『A』：0（因為與記住的「B」不同，所以數字減1）
- 「　」：『A』：1（計數器歸零，所以重新記住『A』並數字加1）
- 「A」：『A』：2（因為與記住的「A」相同，所以數字加1）
- 「A」：『C』：1（因為與記住的「A」不同，所以數字減1）

在這個例子裡，最終記住的候選人也是獲得過半數選票的「A」。**即使獲得過半數選票的候選人在中途才被唸出，或一度從記憶中消失，最終仍會被記住。**

所有的疑慮都已排除。

為什麼這麼做就能成功？

當所有的候選人之中，有人獲得過半數的選票時，只要使用這個方法，最後記住的必定就是那個候選人的名字。

這是因為**該名候選人改變計數器數字的次數，必定多於其他候選人改變計數器數字的總次數。**

假如我們將獲得過半數選票的候選人被唸出的次數記為加1，而其他候選人被唸出的次數記為減1，兩者相加絕對不會變成零或負數。因為該候選人獲得的選票超過總選票的一半（過半數）。

因此就算其他候選人的名字不斷被唸出，全部唱票結束後，記住的一定還是「獲得過半數選票」的候選人名字。

不論被唸出的名字順序如何改變，都不會有任何影響。

| 答案 | 記住第1個唸出的名字，並將計數器的數字加1。
當計數器數字大於或等於1時，如果唸出的名字與記住的名字相同，將數字加1。
當計數器數字大於或等於1時，如果唸出的名字與記住的名字不同，則將數字減1。
當計數器歸零時，記住下個唸出的名字，並將數字加1。
最後記得名字的候選人，就是得票過半數的候選人。 |

總結 將解決問題的步驟轉化為公式，就是「演算法」。本題是非常著名的演算法，其原型來自1981年刊登於海外某演算法期刊上的論文。即使候選人有數百名，只要按照這個「同名加分、不同名扣分」的簡單規則，最終就能得到正確答案。

不過正如同題目中所說的，這個方法只對獲得過半數選票的候選人有效。例如前面的模擬案例中的「A、A、B、B、B、A、A、C」，如果把最初的「A」改成「B」，那麼在總票數9票中，「A」獲得4票，「B」也獲得4票，就不會有獲得過半數選票的人，統計的結果也會改變。又例如當2名候選人各自獲得全部選票的一半時，此手法也會失靈。

POINT

- 從所有訊息中找尋線索，考慮各種可能性，建立假設，加以簡化後進行驗證，刪去不可能的選項。本題考驗的正是典型的水平思考。

第 4 章

掌握
俯瞰思考
的人

才解得開的問題

不侷限於自己所看到的部分，
應該在掌握整體情況後再進行評估。
這就是俯瞰思考的精神。
常被形容為「像鳥一樣俯瞰整體」。

例如突然下了一場大雨，但是手邊沒有傘，
正感到不知所措時，
可以試著放寬視野、俯瞰周遭。
可能會看到有人用公事包擋雨，
有人躲到了屋簷下，
還有人即使被淋成落湯雞也不在乎。
環顧了身邊所有人的情況，
並且評估過所有選項後，選擇最佳的策略。

當遇到突發狀況或陷入困境時，
多數人往往會衝動行事。
但聰明的人會先冷靜地進行觀察，
再做出理智的選擇。
接下來將介紹12道考驗俯瞰思考的問題。

冷靜地俯瞰局勢

俯瞰思考

1

難易度 ★☆☆☆☆

只看現象的一小部分並無法釐清問題。但是當俯瞰局勢時，問題便能迎刃而解。讓我們從這道最簡單的問題開始，體會這種感覺。

3個水果箱

眼前有3個箱子。
內容物分別為「蘋果」、「橘子」、
「蘋果或橘子其中之一」。

箱子上貼的標籤，
分別為「蘋果」、「橘子」、「隨機」。
原本標籤與內容物是相符的，但後來因為某種原因，
所有標籤都被重新貼到了錯誤的箱子上。

**如果要確定這3個箱子的內容物，
最少需要打開多少個箱子？**

第4章 俯瞰思考

> **解説** 本章的第一道問題，是如何確定3個箱子的內容物。當然，只要把3個箱子都打開，就能知道所有箱子的內容物。不，只要打開其中2個箱子，其餘1個也可以靠排除法推論出來。因此，照常理來想，答案應該是「2個」。但是這麼簡單的事情，有可能拿來當作問題嗎……？

重點在於能否察覺可能的組合相當少

其實有一個方法，可以讓我們用極少的次數，就能確認所有箱子的內容物。

關鍵在於題目中的這一句話：

「因為某種原因，所有標籤都被重新貼到了錯誤的箱子上。」

3張標籤「蘋果」、「橘子」、「隨機」全部都被貼在錯誤的箱子上。這代表……

> 貼有「蘋果」標籤的箱子，其內容物必定是橘子或隨機。
> 貼有「橘子」標籤的箱子，其內容物必定是隨機或蘋果。
> 貼有「隨機」標籤的箱子，其內容物必定是蘋果或橘子。

每個箱子都只有以上這2種情況。也就是說，可能的組合僅有以下選項：

	箱子上貼的「錯誤」標籤		
	「蘋果」	「橘子」	「隨機」
內容物組合1	橘子	隨機	蘋果
內容物組合2	隨機	蘋果	橘子

為什麼可以肯定只有2種組合？

為何可以肯定沒有其他組合？
讓我們按部就班來思考這個問題。

假設貼有「蘋果」標籤的箱子，內容物是橘子。
此時貼有「橘子」標籤的箱子的內容物，只可能是隨機或蘋果。
但如果是蘋果的話，會發生什麼狀況呢？
這麼一來，剩下的貼有「隨機」標籤的箱子，內容物便是隨機。
這與題目中說的「所有標籤都被重新貼到了錯誤的箱子上」的情況不符。

為了滿足「3個標籤都貼在錯誤的箱子上」這個強大的限制，能夠成立的組合其實相當少。

不能打開的箱子

既然組合僅有2種，只要確定其中1個箱子的內容物，其餘箱子的內容物也就可以推測得出來。
但是要注意，並非隨便打開任何箱子都可以。

對於「隨機」的箱子必須提高警覺。

假設打開貼有「蘋果」標籤的箱子，發現裡面是橘子。
僅憑這一點，並無法判斷這究竟是橘子箱還是隨機箱。
因為有可能隨機箱裡剛好放著橘子。
所以**絕對**不能打開內容為隨機的箱子。

那麼，應該打開哪個箱子？

唯一內容物不可能是隨機的箱子，就是貼有「隨機」標籤的錯誤箱子。

檢查貼有「隨機」標籤的箱子，如果裡面是蘋果，3個箱子的內容物就是「組合1」；而如果「隨機」箱的內容物是橘子，則各箱內容物為「組合2」。

答案	1個

總結 你是不是經常覺得要做的事太多，所以一件都不想做？其實有時候只要做其中一件，其他工作也能同時解決。所以我們應該養成俯瞰全局的習慣，如此就能省去不必要的選項或工作。這對忙碌的人來說，是一種很重要的思維模式。

POINT
- 得知一項訊息，往往就能推導出其他訊息。
- 做事情一定要先俯瞰全局，找出關鍵點。

找出所有必須俯瞰的選項

難易度 ★☆☆☆☆

眼前的訊息，不見得足夠用來俯瞰全局。有時候需要根據提示，自行找出所有選項。

俯瞰思考 2

72猜年齡

同事有3個女兒。
他給了你一些提示，你們玩起猜年齡的遊戲。

- 年齡相乘是72。
- 猜不出來
- 相加是今天的日期。
- 猜不出來
- 只有最大的女兒愛吃冰。
- 猜出來了！

請問，3個女兒的年齡分別是多少？

第4章 俯瞰思考

解説「第一個提示有意義嗎……？」多數人可能都會這麼想。第一個提示可以理解，第二個提示……好像意義也不大，但就不追究了。最大的問題是第三個提示，不管怎麼想，都完全提供不了任何線索。怎麼可能僅憑這一句話，就猜出3個女兒的年齡？到底怎麼回事……？但我必須強調，所有提示都是有意義的，當然第三個提示也不例外。

從第一個提示能知道的事

第一個提示是……
「3個女兒年齡相乘等於72」。

既然如此，我們的第一個任務就是……
把「3個數字相乘等於72」的所有組合全部列出來。

這種先入為主的想法，可能會讓你以為組合多到列不完，但其實不用擔心。可能的組合並沒有那麼多，組合如下：

（1、1、72）
（1、2、36）
（1、3、24）
（1、4、18）
（1、6、12）
（1、8、9）
（2、2、18）
（2、3、12）
（2、4、9）
（2、6、6）

（3、3、8）
（3、4、6）

現在我們知道答案一定是這12種組合其中之一。

（1、1、72）＝74
（1、2、36）＝39
（1、3、24）＝28
（1、4、18）＝23
（1、6、12）＝19
（1、8、9）＝18
（2、2、18）＝22
（2、3、12）＝17
（2、4、9）＝15
（2、6、6）＝14
（3、3、8）＝14
（3、4、6）＝13

第二個提示說到，相加之後會等於「今天的日期」。一個月最多也就31天。
換句話說，**相加的數字必定不超過31**。
除此之外，第二個提示還隱藏著另一個重要訊息。
那就是**聽完第二個提示之後，你依然無法猜出答案**。
題目中的你，當然會知道「今天的日期」是什麼數字。

明明知道日期數字，卻依然無法猜出答案。

這代表……除了加總後的數字不超過31之外,而且符合該數字的組合不只1組。以下2種組合加起來都是14,所以其中之一就是3個孩子的年齡。

> (2、6、6)
> (3、3、8)

從第三個提示能知道的事

現在我們來看第三個提示。
「只有年齡最大的孩子喜歡冰淇淋」。

剛開始可能很多人不明白這個提示能提供什麼線索,但到了這一步,應該就恍然大悟了。
提示中的「冰淇淋」並不是重點,重點在於……**有單獨1個年齡最大的孩子**。

對照第2個提示所篩選出的組合,唯一符合「有單獨1個年齡最大的孩子」的組合,就是「3、3、8」。

所以3個孩子的年齡分別是「3歲、3歲、8歲」。

> **答案** | 從上到下依序為8歲、3歲、3歲

總結 這道題目給人一種「似乎可以快速找出答案」的感覺,但實際上這是一道必須踏踏實實逐一求證的問題。第一步,必須把所有可能性都列舉出來。有時候,比起一直追求天才般的高明方案,單純的手法反而是最快的捷徑。

剛開始篩選出的候補選項可能非常多,但只要加上幾個條件,便能迅速縮小範圍。正因為事先早已俯瞰過所有選項,才能將所有訊息都順利轉化為線索,逐步縮小答案的範圍。

POINT

- 要俯瞰全局,首先必須列出所有訊息和選項。
- 不要一心只想用高效率的方法來找到答案,應該先腳踏實地好好想一想才是。

俯瞰思考 3 — 看穿隱藏的事實

難易度 ★★☆☆☆

俯瞰全局往往能讓謎題迎刃而解。而要俯瞰全局，**有一個最簡單的方法**，讓我們利用以下的問題來練習看看。

沒發現的錯字

兩名編輯A和B正在檢查同一本書。

A發現了75處錯字。
B發現了60處錯字。
其中有50處是兩人都發現了的錯字。

請問，這本書總共大約有多少處錯字呢？

> **解說** 平常閱讀書籍時,偶爾會發現錯字,這不是什麼稀奇的事情。本書也經過多次檢查,但錯字仍然無法完全避免(不過這道題中的那本書,錯字未免太多了……)。

有沒有什麼辦法,能夠推測出那些尚未被發現的錯字的大致數量呢?只用腦袋想的話,一定會一團亂,但只要透過某種方法俯瞰全貌,答案便呼之欲出了。

最適合用來俯瞰全局的方法

A發現了75處錯字。
B發現了60處錯字。
其中有50處是兩人都發現了的錯字。

只看數字並不容易理解,對吧?
這時候如果把它轉化為圖面,就會很好懂了。
讓我們嘗試以圖面來呈現兩人發現的錯字。
重點在於有些錯字是兩人都發現了。
所以圖面可以畫成如下圖這樣:

↓B發現的60處錯字

10	?
50	25 ←A發現的75處錯字

灰色部分代表兩人都發現的錯字。
因此,我們只須考慮這個圖的「右上角部分」,也就是兩人都沒

發現的錯字有多少即可。

「比率」的求法

本題的重點其實在於「比率」的概念。
在B所發現的錯字中，B獨自發現的錯字，與A也發現的錯字，其比率如下：

> 10：50 = 1：5

這個比率也可以套用在B未發現的錯字上。

> B獨自發現的錯字，與A也發現的錯字的比率。
> B未能發現的錯字，與僅有A發現的錯字的比率。

只要假定這兩個比率相同，就能算出「？」的部分。
計算式如下：

> 1：5 = ？：25 → ？ = 5

可以推斷出兩人都未發現的錯字數為「5」。
只要看數字的比率，便能推測出未知的部分。

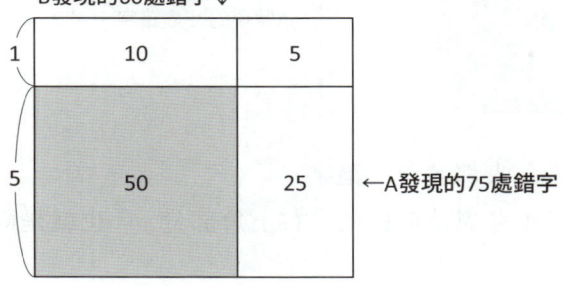

	B發現的60處錯字 ↓	
1	10	5
5	50	25	←A發現的75處錯字

接下來只要將所有數字相加即可。

> 10 ＋ 5 ＋ 50 ＋ 25 ＝ 90

由此可知,這本書的錯字總數大約有90處。

答案 | **90處**

總結 透過圖表呈現已知訊息,就像求面積一樣計算錯字的數量,是個挺有趣的概念,對吧?當然這裡算出的90這個數字,只是一個「大約90個」的估計數。實際上我們並沒有辦法確定錯字總數是否正好是90。但邏輯思考的用處,就在於推測這類未知的數字。同樣的狀況,也可以套用在現實生活中。比起「完全不知道有多少錯字」,當然是提出「大約有90處錯字」的估計數值對解決問題更有幫助。

能夠根據過去的結果,依循邏輯來推導出結論,這才是真正的「思考力」。

POINT
- 透過圖表呈現全局,可以明確找出需要思考的部分。
- 根據已知訊息之間的關聯性,可以推測出未知的線索。

俯瞰思考 4

橫跨時間俯瞰狀況

難易度 ★★★☆☆

到目前為止的問題，基本上是「情況的俯瞰」。然而情況會隨著時間而發生變化。你能**持續俯瞰不斷變化的狀況**嗎？

異國餐廳

有5個人來到國外，走進了一家餐廳。
菜單上列著9道料理，
5個人打算在部落格上介紹這些料理。
但由於菜單上寫的全是外語，
根本看不出這9道分別是什麼料理。
服務生送來時，也不會告知料理名稱。

而且因為行程安排的關係，
這家餐廳只能來3次，每次來訪，每人只能點1道料理。
而且每次來訪，都必須改變料理的組合，
9道料理還都必須至少點過1次。

**請問該怎麼做，
才能將這9道料理的名稱和外觀配對起來呢？**

對了，允許將過去點的料理名稱和送上的料理記錄下來。

解說 天啊，題目會不會太長了？能一路看到這裡的人，這題應該可以算是對一半了。

言歸正傳，這題雖然讓人相當傷腦筋，但只要先俯瞰整體，一定能找到切入點。其實如果可以在點餐方式上用一點心思，就能配對出料理的外觀與名稱。例如2人點A料理，其他3人點B料理。這樣一來，在上桌的料理當中，有2份的就是A料理，有3份的就是B料理。

然而只靠這種做法，總共3回的到訪只能配對6道料理。必須配對的料理共有9道。聽起來像是強人所難，但其實還是有辦法在3回到訪內配對所有料理。你可以先看看提示，自己嘗試解題。

提示1「允許將過去點的料理名稱和送上的料理記錄下來。」題目裡的這句註腳非常重要。

提示2 同一道料理最多點2次，不會點到3次以上。

提示3 有些料理從頭到尾只點過1次。

靠「數量」進行配對

本題的目標是將菜單上列出的料理名稱，與實際上桌的料理配對起來。

菜單上寫的9道料理，分別標示為「A、B、C、D、E、F、G、H、I」，只要能像「A是牛排」、「C是湯」這樣配對起來，就算是達成目標。

舉例來說，5人的第1回點餐假設是「A、A、A、B、C」。
桌上出現3份同樣的料理，就可以確定那3份是「A」。
但是因為「B」和「C」都只有1份，無法判斷哪個是「B」、哪個是「C」。

再舉個例子,假設點的是「A、A、B、B、C」,那麼僅出現1份的料理,就能確定是「C」。

可是在這種情況下,「A」和「B」都各有2份,因此無法知道哪個是「A」、哪個是「B」。

靠「前後重複」也能進行配對

除了「數量」之外,有沒有其他方法可以配對?當然有。

「總共能夠來店3次」這個條件,就在這時派上了用場。

這次點餐無法確定也沒有關係,可以和下次的點餐搭配在一起思考。

所以,我們必須安排「前後重複的點餐內容」。

舉個例子,第1次點餐是「A、A、A、B、C」,第2次點餐是「B、D、D、D、E」時,可以得出以下結論。

> A→第1次點餐裡,出現3份的料理
> B→第1次和第2次的點餐都出現的料理
> C→只在第1次點餐中出現1份的料理
> D→第2次點餐裡,出現3份的料理
> E→只在第2次點餐中出現1份的料理

藉由在第1次和第2次重複點特定的料理,就能以「只在第1次出現」和「第2次也出現」這種方式進行配對。

靠這個方法,**用2次點餐就配對5道料理。**

「做筆記」是關鍵

配對了前面5道料理，剩下沒配對的是「F、G、H、I」4道。
但點餐機會只剩1次。
想靠1次點餐就配對4道料理，基本上是辦不到的。

第1次與第2次的點餐，能成功配對5道料理，是因為「前後重複」的關係。
因此，**第3次點餐也必須和其他次「前後重複」**，才能突破困境。

我們試著在第2次和第3次的點餐之間，讓部分料理前後重複。
這裡有個重點，那就是千萬不要忘記「允許將過去點的料理名稱和送上的料理記錄下來」這句話。
意思是第3次的點餐即使是和第1次的點餐前後重複，也能靠筆記加以配對。
只要在第1次和第2次、第2次和第3次、第3次和第1次之間都**設計「前後重複」**，就能藉此進行辨別。

3次點餐配對「9道料理」的方法

說明到這裡，解開此題的要素都已備齊。
我們先整理一下目前已知的線索。
可以配對料理的方法，包括下列幾種：

- 「同時出現多份」的料理
- 「只出現1份」的料理
- 「前後重複」的料理

接下來，我們先從第1次的點餐開始思考。
考量上述方法之後，就會得到如下的點餐方式。

> 第1次：A、B、B、C、D

「B」是打算用「同時出現多份」來配對的料理。
剩下的「A、C、D」裡，將「D」和第2次的點餐重複，將「A」和第3次的點餐重複，就能分別進行配對。
至於「C」因為沒有和任何一次點餐重複，所以也能輕易辨別。

依照這種思路來決定各次的點餐內容，就會得到下列結果。

> 第1次：A、B、B、C、D
> 第2次：D、E、E、F、G
> 第3次：G、H、H、I、A

現在檢查一下，是否已經配對了所有料理。
首先，透過「同時出現多份」可配對的料理如下：

> B→第1次的點餐中有2份的料理
> E→第2次的點餐中有2份的料理
> H→第3次的點餐中有2份的料理

接著，透過「前後重複」可配對的料理如下：

> A→第1次和第3次都出現的料理
> D→第1次和第2次都出現的料理
> G→第2次和第3次都出現的料理

最後,透過「只出現1份」可配對的料理如下:

> C→只在第1次的點餐中出現1份的料理
> F→只在第2次的點餐中出現1份的料理
> I→只在第3次的點餐中出現1份的料理

如此一來,透過3次點餐,9道料理全部都配對了。

> **答案**
>
> 將9道料理分別標為
> A、B、C、D、E、F、G、H、I,
> 那麼,照下面的方式點餐,
> 就能配對全部料理的名稱。
> 第1次:A、B、B、C、D
> 第2次:D、E、E、F、G
> 第3次:G、H、H、I

總結 本題最大的關鍵在於能否想到「透過和其他次的點餐前後重複來配對」。尤其是「讓第1次和第3次的點餐前後重複」這個方法,只有在更宏觀地俯瞰整個情況時才會注意到。

若抱持著「每次都要完美配對」的急功近利思維,肯定無法找出答案。這道題正是透過橫跨第1次、第2次、第3次的整體時間來俯瞰,才找得到解決方法。所以這是一道有助於鍛鍊橫跨時間進行俯瞰的題目。

> **POINT**
> - 告訴自己「不用急著現在瞭解,只要最後能釐清問題就行了」
> - 把過去和未來都考慮在內,進行俯瞰全體的思考。

俯瞰思考 5

洞悉隱藏在局面中的規律

難易度 ★★★☆☆

僅僅俯瞰訊息，還不一定能看見真相。接下來的問題，試看看能否就檯面上的狀況，看清檯面下的規律。

2張卡片

你有三名同事。
一名永遠說真話，一名永遠說謊話，
一名則是輪流說真話與謊話。
而你蒙上眼睛，
從裝著許多「紅色」或「藍色」卡片的盒子裡，
抽出1張卡片，問三人：「這是什麼顏色？」
三人的回答如下：
A：「藍色。」 B：「藍色。」 C：「紅色。」

你抽出第2張卡片，再問同樣的問題，他們的回答變成：
A：「紅色。」 B：「藍色。」 C：「藍色。」

**請問你抽出的前後2張卡片，
分別是什麼顏色？**

解說 乍看之下，與第1章出現過的「天使與惡魔」題型有點像，但題目並沒有問三人的真實身分，而是問「2張卡片的顏色」。

由於題目的問法是「卡片分別是什麼顏色」，因此不需要確定順序，只要說出正確的組合即可。「顏色的前後順序」並不重要，所以可能的組合並不多。接下來要思考的，則是要用什麼方法來縮小範圍。

題目中隱藏的第一條線索

首先，我們知道可能的組合其實並不多。
卡片顏色只有「紅」和「藍」，因此2張卡片的組合只可能是以下三種情況。

> ① 「藍」「紅」
> ② 「藍」「藍」
> ③ 「紅」「紅」

問題在於，如何從這些組合中篩選出正確的？

類似這樣的問題，一般的原則是先排除那個「既說真話也說謊話」的人。
因為那個人有時說真話，有時說謊話，無法確定哪一句是真、哪一句是假，再怎麼思考也不會得到有用線索。
所以，我們暫時先關注「老實人」和「騙子」就好。

一人總是說真話，另一人總是說謊話。這意味著……

> 如果抽出的是藍色卡片，其中一人會回答「藍色」，另一人會回答「紅色」。
> 如果抽出的是紅色卡片，其中一人會回答「紅色」，另一人會回答「藍色」。

由此可以看出……**這兩人的回答一定相反**。

即使不知道真實身分，也能推導出答案

換句話說，在2次提問中「回答相反的兩人」就是「老實人」和「騙子」。

現在讓我們俯瞰三人的回答。

> 第1次　A：「藍色。」　B：「藍色。」　C：「紅色。」
> 第2次　A：「紅色。」　B：「藍色。」　C：「藍色。」

2次都回答相反的A和C，肯定是「老實人」和「騙子」。

我們不知道A和C誰是老實人、誰是騙子，也不須知道。
「老實人」及「騙子」在第1次與第2次都回答了不同的顏色，這一點證明了一件事：你抽出的**2張卡片，顏色並不相同**。

想想看，這題問的是什麼？
是2張卡片的顏色組合，對吧？
因此，**答案就是「藍色」和「紅色」**。
順帶一提，很顯然剩下的B，就是那個交替說真話與謊話的人。

答案 「藍色」和「紅色」

總結 本題的重點,在於俯瞰三人的回答時,能否注意到「老實人與騙子必定說出相反回答」這條規律。當然光看這點只會讓人覺得「那又怎麼樣」,但若能與其他提示或線索結合,就能看出其中隱含的意義。

整理問題所列出的各種狀況與條件,俯瞰所有訊息與可能性,其目的就是將思考所需要的材料一一擺在檯面上。這不僅是思考的前置作業,同時也是為了發揮前面提到的「邏輯思考」、「批判思考」與「水平思考」的必要過程。請一定要記住,帶著明確的目的檢視訊息,也是通往真相的重要關鍵。

POINT

- 光是俯瞰訊息,未必能看見真相。
- 若能與其他訊息交叉驗證,就能看出隱藏的意義。

俯瞰思考 6

找出縮小選擇範圍的線索

難易度 ★★★☆☆

正如同前一節所說的「俯瞰是思考的前置作業」,重點在於如何藉此進一步縮小選擇範圍。**然而在某些時候,我們必須自行找出那條關鍵線索。**

10人交換名片

你和同事2人舉辦了一場宴會,
分別向4家公司各邀請2人參加。
派對參加者合計10人,
每個人都只和「第一次見面的人」交換名片。

宴會結束後,你分別向其他9名參加者詢問:
「你和幾個人交換了名片?」
結果9人給的回答全都不一樣。
請問,你的同事和幾個人交換了名片?

對了,每個人當然不能和自己交換名片。
並且沒有任何參加者是
「今天第一次見到自己公司的同事」。

> **解說** 咦？這是什麼問題？怎麼可能解得出來？什麼具體詳情都沒說，突然就問「你的同事和幾個人交換了名片」……但是沒辦法，既然遇上了，先仔細想想吧。像這種情況，更需要釐清各種條件，找出其中可能性，並且俯瞰事件的全貌。

能否看穿隱藏的前提？

沒有任何參加者是「今天第一次見到自己公司的同事」。
題目的最後這句話說得輕描淡寫，但其實相當重要。
雖然有些拐彎抹角，不過，若搭配前文提到的「只和第一次見面的人交換名片」，可以推導出一個結論。
那就是──**「沒有人和自己的同事交換名片」**。
這是解開本題的一大關鍵。

最多能和幾個人交換名片？

> 「沒有人和自己的同事交換名片」。

從這條訊息可以推算出**每個人最多能和幾個人交換名片**。
參加派對的人有你和同事這1組，以及受邀的4組，合計10人。
也就是說，每個人除去自己以外，最多能和9個人交換名片。
但由於「沒有人和自己的同事交換名片」這個條件，實際上**每個人最多只能和8個人交換名片**。

交換名片的人數，9個人的回答都不相同。
再搭配上這條訊息，可以知道9個人針對「你和幾個人交換了名片」這個問題，給的答案分別如下頁──

「0人」「1人」「2人」「3人」「4人」「5人」「6人」「7人」「8人」。

和「8人」交換名片的人是誰？

在俯瞰所有選項的全貌後，接下來我們就逐一分析每個情況。為了方便理解，以下將你本人稱作「A」，你的同事稱作「B」。
接著，把另外4組共8人分別設定代號如下：

- C、D
- E、F
- G、H
- I、J

首先，我們來找出「和8人交換過名片的人」。
在解題的時候，如果一時之間找不到合適的切入點，基本原則是先從「最大值」或「最小值」開始分析。
由於目前還不知道誰是「和8人交換名片」的人，就先假設這個人是C。

因為沒有任何人和「自己本人」及「自己的同事」交換名片，所以，如果C和「8人」交換過名片，就表示C和**除了D以外的所有人**都交換了名片。

以圖形來呈現，會是下頁這樣：

```
        A
    J   B
  I       C
          
  H       
          D
    G   E
      F
```

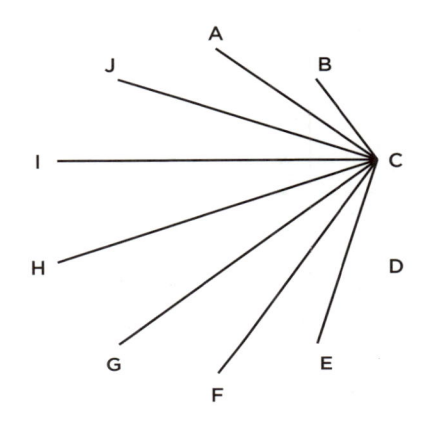

從這張圖，我們就能夠推導出另一個人的「交換名片的人數」，那就是C（和8人交換了名片）的同事D。

還記得前面提到的「9個人的回答」嗎？有1個人的交換名片人數是「0人」。而從以上這張圖，我們可以看出……
C、D以外的8人，都和C交換了名片，也就是「交換名片的人數」至少在1人以上。

因此，能回答「0人」的人，只有D。

和「7人」交換名片的人是誰？

接下來，我們分析「和7人交換名片」的人。
我們先假設這個人是「E」。
「E」沒有交換名片的3人必定是以下這些人：

> E（他自己）
> F（他的同事）
> D（和0人交換名片的人）

此時的情況，可以歸納如下圖。

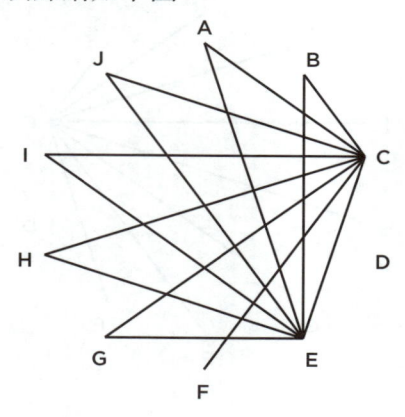

在D和F之外的8人，全部都和C（和8人交換名片的人），以及E（和7人交換名片的人）交換了名片。

再加上前面已經推導出D沒有和任何人交換名片。

由此我們可以進一步推導出，**能成為「只和1人交換名片的人」的人，就只有F**。

和「4人」交換名片的人是誰？

後面的推導方式也是大致相同。

假設G是「和6人交換名片」的人，那麼他的同事H就是「只和2人交換名片的人」。H只和C（和8人交換的人），與E（和7人交換的人）兩人交換了名片。

如果I是「和5人交換名片」的人，那麼他的同事J就是「只和3人交換名片的人」。J只和C（8人）、E（7人），以及G（6人）共3人交換了名片。

我們可以將目前已知的狀況彙整如下:

- C(和8人交換)—D(和0人交換)
- E(和7人交換)—F(和1人交換)
- G(和6人交換)—H(和2人交換)
- I(和5人交換)—J(和3人交換)

這張表提供的訊息,包含了8個人之中誰和誰是同事,以及他們分別和幾個人交換了名片。最後只剩下「和4人交換名片的人」還沒有確定。

這個人究竟是誰呢?

既然4組受邀者的交換名片人數都已經確定,那麼,「和4人交換名片的人」就只能是剩下的B(你的同事)。

答案　你的同事和4人交換了名片

總結 這題乍看之下不可能解得開,但經過我們將可能的選項一一列出,再逐步進行假設與驗證,最終答案得以自然浮現。從這一題我們清楚感受到了邏輯的力量。像這樣在俯瞰整體之後,先把焦點放在最大值或最小值,或者先假設「如果○○的話……」,嘗試將思考往前推進,就能看出新的事實,或是發現某種假設不正確。如此一來,就能逐漸縮小可能的範圍。

POINT

- 找出線索,並在俯瞰整體的可能性中進行篩選與過濾。
- 若找不到切入點,不妨先嘗試進行假設。

俯瞰思考 7

洞悉局面所代表的意義

難易度 ★★★★☆

接下來，我們要挑戰**如何在更複雜的局面下運用俯瞰思考**。以下會連續介紹3道情境類似的問題。

紅藍標記

A、B、C遭惡魔擄走。
3人的臉頰被貼上紅色或藍色的標記，並被迫接受以下規則。

「如果看到有人貼著紅色標記，就要舉手。」
「必須在1分鐘內猜出自己的標記顏色。」

3人都有1次機會宣告自己的標記顏色。
兩邊臉頰上的標記是同樣的顏色。
3人都能看見別人臉頰上的標記，但看不見自己的。
禁止以任何方式傳遞訊息。
3人都可以知道「誰舉了手」以及「其他人的宣告內容」。

請問3人要如何才能判斷自己的標記顏色？

對了，3人都擁有極為嚴謹的邏輯思考能力，
也知道標記只會是「紅色或藍色」。

> **解說** 我在這裡先提醒一下,接下來的俯瞰思考難度會大幅提升。接下來要介紹的3道問題,都屬於在各類邏輯思考問題中相當常見的「囚犯逃脫」題型。

遇到瓶頸時,首先該做的事

本題是一道規則多、條件也多的複雜問題。
而且可用來當作線索的訊息並不多。
面對這種複雜問題,最先要做的,就是「列出所有可能性」。

A、B、C臉頰上的標記顏色只有「紅色或藍色」這2種模式。可能的組合共有以下8種。

A	B	C
紅色	紅色	紅色
紅色	紅色	藍色
紅色	藍色	紅色
藍色	紅色	紅色
紅色	藍色	藍色
藍色	紅色	藍色
藍色	藍色	紅色
藍色	藍色	藍色

另外,規則中提到「如果看到有人貼著紅色標記,就要舉手」。
我們把這項條件反映在表格之中。
會舉手的人,我們加上★。

A	B	C	舉手的人數
紅色★	紅色★	紅色★	3人
紅色★	紅色★	藍色★	3人
紅色★	藍色★	紅色★	3人
藍色★	紅色★	紅色★	3人
紅色	藍色★	藍色★	2人
藍色★	紅色	藍色★	2人
藍色★	藍色★	紅色	2人
藍色	藍色	藍色	0人

看見了切入點

從以上表格中，我們可以發現：

- 不可能發生只有「1人」舉手的情況。
- 若沒有人舉手，那3人的標記全都是「藍色」。

「舉手的人數」似乎能作為切入點。

即使是不知是否有用的訊息，在俯瞰之後往往能夠成為線索。
接下來，我們依照「舉手的人數」來進一步分析。先看「2人」舉手的情況。

A	B	C	舉手的人數
紅色	藍色★	藍色★	2人
藍色★	紅色	藍色★	2人
藍色★	藍色★	紅色	2人

這3種情況都有個共通點,就是「只有1人是紅色標記」。
換句話說,舉手的人數若是2人,就能確定「只有1個人貼了紅色標記」。
此時,3人各自會有什麼樣的想法?
讓我們站在A的角度來思考。

假設B和C都是藍色,且這2人都舉了手,A便能知道「我自己是紅的,所以他們才會舉手」。
假設B是紅色而C是藍色,A和C都會舉手。
A看見B沒舉手,就能判斷「自己不是紅色」,所以自己是藍色。

如果B是藍色而C是紅色,也是相同的道理。
A和B看見C是紅色,所以會舉手。A看見C沒舉手,就知道「自己不是紅色」,所以自己是藍色。

將角度轉換為B或C,邏輯也相同。
因此,當舉手的人有2人時,3人的想法可以彙整如下:

- 若自己以外的人之中有紅色標記,那麼,自己就是藍色。
- 若自己以外的人之中沒有紅色標記,那麼,自己就是紅色。

推導的瓶頸

「原來如此,若沒人舉手或只有2人舉手,大家都能輕易分辨自己的顏色,這題太簡單了。」
如果你這麼想,我只能說你高興得太早了⋯⋯
從這裡開始才是真正的難關。
萬一,3人都舉手,情況就會變得頗為複雜。

	A	B	C	舉手的人數
組合1	紅色★	紅色★	藍色★	3人
組合2	紅色★	藍色★	紅色★	3人
組合3	藍色★	紅色★	紅色★	3人
組合4	紅色★	紅色★	紅色★	3人

從上表能看出，確定的只有「至少有2人是紅色標記」。例如我們站在A的角度來看，若B、C是「1人紅色、1人藍色」，而兩人都舉手（組合1和2），那麼，A立刻就能判斷「我也是紅色」。

但如果B、C「都是紅色」，那B和C互相看見對方是紅色，本來就會舉手。在這種情況下，自己（A）究竟是紅色還是藍色，就無法直接判斷。

這就是表中的組合3和4的情況。這種時候要如何處理？

「沉默」代表的意義

此時，我們需要仰賴題目中的這句話：
3人都擁有極為嚴謹的邏輯思考能力。

這代表自己以外的2人，也能做到前述的邏輯推理。
例如在組合3的情況下，A沒有辦法確定答案。然而從B、C的角度來看，「自己以外的2人，其中1人是紅色、另1人是藍色」。因此，B和C能馬上知道自己是紅色。
換句話說，B和C若是立即宣告自己的顏色，A就會知道「那麼我是藍色」。

相反地，若是組合4，B和C也無法確定自己的顏色。
接下來會怎麼發展呢？……3人全都保持沈默。

藉由3人的沈默，就能得知當下為「所有人都無法確定自己顏色」的狀態。
在這個瞬間，3人都會意識到「既然如此，那大家都是紅色」。
這樣就找出在所有可能的組合下，如何判斷自己顏色的方法了。

> **答案**
>
> **當舉手人數是0人時，自己就是藍色。**
> 當舉手人數是2人時，
> 若有其他人是紅色，那自己就是藍色；
> 若沒有，那自己就是紅色。
> 當舉手人數是3人時，若其他2人
> 是「紅」、「藍」，那自己就是紅色。
> 若其他2人是「紅」、「紅」，且
> 那2人立刻宣告答案，那自己就是藍色。
> 若其他2人是「紅」、「紅」，
> 且沒有人宣告答案，那自己就是紅色。

總結 這題雖然相當複雜，但只要單純地「列出所有情況」並「逐一驗證」，就能找到答案。我個人特別喜歡「當大家都不知道時，就能知道答案」這種類型的問題。乍看之下似乎四面楚歌，卻能從中找到突破點，真是讓人熱血沸騰……咳咳，抱歉我太激動了。

POINT

- 即使狀況再怎麼複雜，只要整理所知訊息，可能的選項就會浮現，而所有訊息都能成為線索。

俯瞰思考 8

冷靜判斷自己的職責

難易度 ★★★★☆

我們在前一題已經體驗過「在高度複雜的情況下進行俯瞰」的思維模式。接下來這題除了同樣的思維模式之外，**必須能從其他人的觀點看待問題**。

3人的蘋果

A、B、C被惡魔囚禁在不同的房間裡。
惡魔對3人說了以下提示。
「3人的房間裡，分別有1～9顆蘋果。」
「每個房間的蘋果數量都不相同。」

只要有人能說出「3個房間的蘋果總數」，便解放所有人。
3人各有1次提問機會，惡魔會老實回答「YES」或「NO」。
3人都能聽到他人提問的對話內容。

A：「總數是偶數嗎？」惡魔：「NO」
B：「總數是質數嗎？」惡魔：「NO」
C房間裡有5顆蘋果。

請問C應該提出什麼問題？

> **解說** 這是「囚犯逃脫」系列第2題。關鍵在於「所有人的問話和回答，其他人都能聽到」。換句話說，猜到答案的人不見得是C。也可能是某個人「因為聽到C的問題及答案，而猜出答案」……

> **提示** 只要「任何1人」猜到答案就行了。

先列出所有可能的選項

首先「列出所有可能的選項」。這始終是邏輯問題的基本原則。目前已知的訊息如下：

> - 3個房間都有「最少1顆」、「最多9顆」蘋果。
> - 3個房間的蘋果數量都不相同。

由此可推論3個房間的蘋果總數：

> 最小可能是：1＋2＋3＝6
> 最大可能是：7＋8＋9＝24

也就是說，正確答案只可能是以下這些數字（不過這範圍仍然太大，我們要進一步縮小它）：

> 6、7、8、9、10、11、12、13、14、15、16、17、18、19、20、21、22、23、24

利用惡魔的回答縮小範圍

A和B向惡魔提出的問題與答覆，也成為關鍵線索。

A：「總數是偶數嗎？」惡魔：「NO」
B：「總數是質數嗎？」惡魔：「NO」

藉由A、B的提問，我們可以將選項中的偶數與質數都排除。
如此一來，**答案必為9、15、21其中之一**。

很好，現在已經縮小到三個選項。
順帶一提，A、B、C都能基於已知的訊息，推斷出「答案是9、15、21的其中之一」。

如果蘋果總數是「9」個

雖然已經縮小到三擇一，但後面才是難關。
C只能問1個問題，惡魔也只能用「YES」或「NO」回答。
惡魔的回答只有2種，可能的選項卻有3種。
該怎麼辦才好？

接著我們分析**當答案各自為「9、15、21」時，3人的推導過程**。
邏輯思考的基本手法，就是「假設與驗證」。

首先，假設答案是「9」。
C的房間裡有「5顆」蘋果，因此，A與B的房間合計有「4顆」。
由於3個房間的蘋果數都不相同，可以推知A與B房間的蘋果數量必然是一間「1顆」、另一間「3顆」。
此時，房間裡只有「1顆」蘋果的人會這麼想：

> 「我的房間只有1顆蘋果。」
> 「3個房間的合計最大值是 $1+8+9=18$。」

> 「最小值則是 1＋2＋3＝6。」
> 「因此在剩下的可能選項裡，21 可以排除。」
> 「答案只可能是 9 或 15。」

而房間裡有「3 顆」蘋果的人，也會這麼想：

> 「我的房間有 3 顆蘋果。」
> 「3 個房間的合計最大值是 3＋8＋9＝20。」
> 「最小值則是 3＋1＋2＝6。」
> 「因此在剩下的可能選項裡，21 可以排除。」
> 「答案只可能是 9 或 15。」

由上述推論可知，如果答案是「9」，A 和 B 能自行推斷出「答案是 9 或 15」。

如果蘋果總數是「15」個

接著我們假設答案是「15」。
C 的房間裡有「5 顆」蘋果，所以可得知 A 與 B 的房間合計就是「10」顆。
由於 3 個房間的蘋果數都不同，A 與 B 房間蘋果數量的組合可能是以下幾種：

> 1、9
> 2、8
> 3、7
> 4、6

唔……和答案「9」相比，答案「15」的可能組合有點多。雖然可以一一驗證，但實在相當麻煩。這時我們不妨回到驗證的基本原則：「先從極端的例子開始驗證」。

因此我們**先跳過「若答案是15」的狀況**，改為分析選項中的最大值「21」。

有時候，先把麻煩的事情擱置一邊，也是很重要的折衷做法。

如果蘋果總數是「21」個

現在，我們來思考答案為「21」時的情況。

C的房間有「5顆」蘋果，A與B的房間加起來便是「16」顆。
由於3個房間的蘋果數量都不同，所以其中一間必是「7顆」，另一間必是「9顆」。
嗯，範圍大幅縮小，驗證也變得簡單多了。

此時房間裡有「7顆」蘋果的人，心裡會這麼想：

> 「我的房間裡有7顆蘋果。」
> 「3個房間的合計最大值是7＋8＋9＝24。」
> 「最小值是7＋1＋2＝10。」
> 「因此在剩下的可能選項裡，9可以排除。」
> 「答案只可能是15或21。」

而房間裡有「9顆」蘋果的人也會這樣想：

> 「我的房間裡有9顆蘋果。」
> 「3個房間的合計最大值是9＋8＋7＝24。」
> 「最小值是9＋1＋2＝12。」
> 「因此在剩下的可能選項裡，9可以排除。」
> 「答案只可能是15或21。」

由此可知，**如果答案是「21」，A和B能自行推斷到「答案是15或21」**。

C要排除什麼樣的「可能性」？

綜合前述驗證，可以得出以下結論：

> 如果答案是「9」，A與B可以推導出「答案是9或15」。
> 如果答案是「21」，A與B可以推導出「答案是15或21」。

所以C應該做的事，<u>就是幫A與B排除他們心中的疑慮</u>。
由此可知，C應該對惡魔提出的問題是：
「蘋果的總數是15嗎？」
如果惡魔回答「YES」，那麼答案就是15。
如果惡魔回答「NO」，那答案就只剩「9或21」。
若答案是9或21，A與B先前的推理早已讓答案鎖定在「9或15」或「15或21」。
在確認「不是15」之後，他們自然而然就能得知答案。

最後依然不知道答案的C

這題最有趣的地方，在於提出問題的C，直到最後都不知道正確

解答。當然在C問「總數是15嗎」之後,若惡魔回答「NO」,C也知道答案只剩9或21可選。

C的房間裡有5顆蘋果。

從C的角度來看,3個房間的蘋果合計數量的最大值與最小值分別如下:

> 最大值:5＋9＋8＝22
> 最小值:5＋1＋2＝8

也就是說,無論是9還是21,都有可能符合條件。

因此縱使知道「答案不是15」,C還是無法判斷到底是9還是21,但A、B之中一定有人能說出正確回答。

> **答案** ｜ C應該問:「總數是15嗎?」

總結 在俯瞰整體情況之後,當發現「能作答的人不是自己,而是其他2人」時,就應該明白自己的角色定位。在這道題目裡,還需要一些能夠跳脫框架的水平思考。例如C的心裡必須清楚「只要我這樣問,就能讓其他2人推導出答案」,才有可能提出正確的問題。除了思考力,還需要具備足夠的勇氣,相信夥伴的邏輯推演能力。我們甚至可以說,「勇氣」才是解開本題的關鍵能力。

POINT
- 在俯瞰全局的時候,若能連他人的想法也包含在內,或許就能打破「只有一條路」的先入為主觀念,找到原本自己無法發現的解決之道。

俯瞰他人的意圖

俯瞰思考

9

難易度 ★★★★☆

「囚犯逃脫」系列最後一題，**情況更為複雜**，可能性也更多。但只要善用先前的思維方式，一定能解得出來。

有密碼鎖的房間

A、B、C被惡魔囚禁於不同房間。
每個房間的門上，都裝有3位數的密碼鎖。
惡魔告訴三人：
「這3道密碼鎖的開鎖數字都一樣。」
「開鎖數字在000～999之間。」
「3個數字的總和是9。」
「每個數字都大於或等於它左側的數字。」

接著惡魔分別告訴A左側的數字，告訴B中間的數字，
告訴C右側的數字。
三人之間無法傳遞訊息，但若有人解開了密碼鎖，
其他人會立刻知道。
起初三人都無法解鎖，但過了一陣子，B先成功解開，
接著C與A也成功解開了。
請問，開鎖數字是多少？

第 4 章 俯瞰思考

解說 這題稍微有些難度,但其中隱含了一種在本書後半段會用到的思維方式,因此非常建議你仔細琢磨推敲。話說回來,惡魔把人類囚禁卻給了一堆逃走的提示,感覺既可怕又莫名貼心⋯⋯

提示1 開鎖數字的組合其實非常少。
提示2 B能解開鎖是在「過了一陣子」之後。
提示3 有些「特定的組合」,能夠讓某些人立刻推導出答案。

先把複雜的狀況整理清楚

由於題目給的條件頗多,而且敘述略顯複雜,所以我們先整理一下重點。

這3道密碼鎖的開鎖數字都一樣。
開鎖數字在000～999之間。

這意思是答案可能是像256、489這類的3個數字,能同時解開所有鎖。

3個數字的總和是9。
每個數字都大於或等於它左側的數字。

舉個例子,「1、2、6」三個數字相加為 $1 + 2 + 6 = 9$,符合條件,所以它有可能是答案。但如果是「5、8、9」,相加為 $5 + 8 + 9 = 22$,則不符合條件。

另外,「每個數字都大於或等於它左側的數字」,以「2、2、5」來看,由於 $2 \leq 2 \leq 5$,符合條件,所以可能是答案。
但如果是「5、2、2」,第1個數字比第2個數字還大,所以不可能是答案。

接著惡魔分別告訴A左側的數字,告訴B中間的數字,告訴C右

側的數字。

這代表正確的3個數字對A而言是「A、？、？」，對B而言是「？、B、？」，對C而言則是「？、？、C」，三人各自知道3個數字中的1個。

當然，三人都理解這些條件。
正因如此，B才能猜出開鎖數字。而B率先解鎖，是本題的關鍵線索。

可能的數字組合其實不多

現在我們正式開始推導答案。
雖然範圍是000～999，但因為有以下這兩項條件：

> 「3個數字的總和是9。」
> 「每個數字都大於或等於它左側的數字。」

因此，實際符合的數字組合其實沒那麼多。
即便逐一列出，也不會花太多時間。
既然如此⋯⋯**就把它們全都列出來吧！**
先從最小的0開始，「若左邊是0，中間也是0，那右邊就是9」這樣類推，一個一個檢核下去。

如果左邊的數字是4，中間與右邊也必須大於或等於4，這樣3個數字相加就會超過9，顯然不符合條件。
因此左邊的數字最大不會超過3。
照此推算，就能整理出以下12種可能的組合。
能解開密碼鎖的數字組合，必定在這12種之中。

0,0,9	1,1,7	2,2,5	3,3,3
0,1,8	1,2,6	2,3,4	
0,2,7	1,3,5		
0,3,6	1,4,4		
0,4,5			

能立刻逃脫的「數字組合」

從上表可以看出，**有些「數字組合」能讓某些人立即確定答案**。

由於三人各自從惡魔口中聽到1個數字，所以在某些情況下，某些人就能立刻得出答案。

舉例來說，若答案是「0、0、9」，惡魔會告訴A「左邊數字是0」、告訴B「中間數字是0」、告訴C「右邊數字是9」。
對照上方的表格便可得知，中間數字是「0」，或者右邊數字是「9」的組合，只有「0、0、9」。
所以B只要聽到自己的數字是「0」，就能馬上推斷出答案是「0、0、9」。
同樣的道理，C一知道自己的數字是「9」，也能推斷A與B的數字都為「0」。

答案是「0、1、8」或「3、3、3」也一樣。
右邊數字若是8，只有「0、1、8」符合；若是3，只有「3、3、3」符合。這兩種情況下，知道右邊數字的C能立刻知道答案。
換句話說，若答案是「0、0、9」、「0、1、8」、「3、3、3」其中之一，三人之中就會有人能立刻解鎖成功。

然而由題目可知，**事態並沒有這麼發展。**
由此推斷，答案並非「0、0、9」、「0、1、8」、「3、3、3」，而是在以下9種組合中。

0, 2, 7	1, 1, 7	2, 2, 5
0, 3, 6	1, 2, 6	2, 3, 4
0, 4, 5	1, 3, 5	
	1, 4, 4	

為什麼B會最先解開鎖？

到了這個階段，B已經找出了答案。
請注意表中各種組合的「中間數字」。
若中間數字是「2」、「3」、「4」，可能的組合不只一個，B無法確定答案。但**若中間數字是「1」，就只剩「1、1、7」可選。**

剛開始時，還存在「0、1、8」這個可能的組合，但如果是這個組合，C應該能即刻解答。但是C並沒有動靜，因此B將「0、1、8」這個組合排除了。
如此一來，B可以確信唯一的答案就是「1、1、7」。
於是B率先逃離了房間。

全員順利逃脫

接下來，C察覺到B已解開鎖，也進行了相同的推理。
由於答案是「1、1、7」，惡魔告訴C「右邊數字是7」。
右邊數字是「7」時，除「1、1、7」外，另有「0、2、7」也符合條件。

然而B成功解鎖的事實,讓C明白了以下這點:

> 「如果答案是0、2、7,B應該無法確定答案。既然B先解開了鎖,就表示答案不是0、2、7,而是1、1、7。」

於是C也順利解鎖。

A也利用同樣的推論得出了答案。A得知左邊數字是「1」。B的成功解鎖,讓A知道「**中間數字不可能是還無法確認答案的2、3、4,而是1**」。所以,A也想出了答案是「1、1、7」。
於是3人都順利逃脫。

答案 | 「1、1、7」

總結 這題是從美國國家安全局(NSA)網站上的題目變化而來。NSA匯聚了美國最聰明的天才,在人才頂尖度上與中央情報局(CIA)可說是並駕齊驅。由於人才招募是該網站的宗旨之一。能自行解出此題的人,也許已經具備挑戰NSA招募考試的實力。
以上介紹的幾題「囚犯逃脫」題型,都需要借助俯瞰他人腦中想法的能力。這種思維方式在後面的第5章會更深入探討,建議你先在本章中練習看看。

POINT

- 若能俯瞰他人的思考過程,就能理解他們行動的動機與理由,從中獲得線索。

俯瞰過量的訊息

難易度 ★★★★★

到目前為止，我們都是以少量線索嘗試俯瞰全體，但有時候**訊息量過多也會造成混亂**。接下來的問題，我們要挑戰的是大量訊息的整理技巧。

俯瞰思考 10

7名嫌疑人

你最心愛的蛋糕不知被誰偷吃了，
於是你找來7名（A～G）有嫌疑的人。
這7人可以分成兩類，一類是老實人，另一類是騙子。
老實人永遠說真話，騙子永遠說謊話。
你分別對7人提出了以下問題：
① 「是不是你偷吃了蛋糕？」
② 「7人當中，偷吃者有幾人？」
③ 「7人當中，老實人有幾人？」
7人對這3個問題的回答如下。

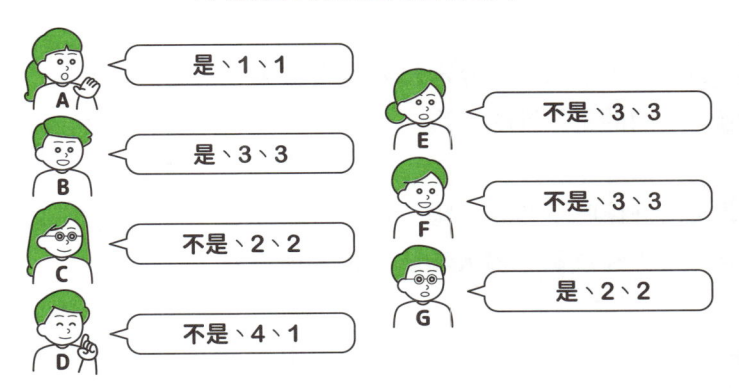

A：是、1、1
B：是、3、3
C：不是、2、2
D：不是、4、1
E：不是、3、3
F：不是、3、3
G：是、2、2

請問，究竟是誰吃了蛋糕？

對了，偷吃者不見得只有1人。
另外，可以確定7人當中至少有1名老實人。

解説 到底誰是老實人、誰是騙子？偷吃了蛋糕的人有幾個？這題可說是充滿疑點的超級難題。而且題目中的線索，竟然是加上7名嫌疑人針對3個問題的回答。前面的「有密碼鎖的房間」之類的高難度題目，讓我們苦惱的大多是線索不足的問題。但這一題剛好相反，「過量的訊息」成為解題的最大阻礙。面對錯綜複雜的線索，如何才能理清頭緒？讓我們反覆檢視7人的回答，不要慌亂，按部就班地抽絲剝繭吧。

提示1 在7人當中，「至少有1人」是老實人。
提示2 首先應該把焦點放在「第2個問題」。
提示3 哪些人在「第2個問題」中給了相同答案？
提示4 逐一假設「如果某人的說法是正確的話」。

「兩階段證明」的難關

這題最大的特點，在於不只要分辨「誰是老實人、誰是騙子」，**還得判斷「誰吃了蛋糕」**。

類似的題型大多只要「分辨出老實人和騙子」就行了。
但這一題問的是「誰吃了蛋糕」。

老實人也許偷吃了蛋糕；騙子反而可能沒吃。
甚至有可能好幾個老實人和騙子都參與偷吃。

光是思索每個可能性，就會讓人頭暈眼花。在這道題目裡，想要「不分辨老實人或騙子，直接抓出偷吃蛋糕的人」，反而是不可能的任務。
看來我們**必須先分辨出「誰是老實人、誰是騙子」，再進一步查**

出「誰是偷吃者」。這是一個需要「兩階段」推論的問題。

將「7個回答」加以簡化

在這道題目裡，唯一的解題線索是7人的回答。
但若逐條驗證每個人的所有回答，肯定會亂成一團。
因此較合理的做法是：
挑出某個問題的答案，先對7人進行分組。

3個問題中，哪個最適合作為「切入點」呢？
讓我們先來思考這個問題。
①「是不是你偷吃了蛋糕？」

一開始就分析第1個問題，肯定沒什麼意義。
因為7人的答案只能分成「是」和「不是」這2組，所以無法進一步細分。
狀況還是一樣複雜，對解題沒甚麼幫助。
而且單憑「是」與「不是」，無法辨別回答的真假。
回答「是」的人，有可能是「老實的偷吃者」，也有可能是「清白的騙子」。
在沒有確定誰是老實人、誰是騙子之前，我們沒辦法從第1個問題中找出答案。

②「7人當中，偷吃者有幾人？」
③「7人當中，老實人有幾人？」

相較於第1個問題，第2和第3個問題似乎更有可能提供線索。
不過，若利用第3個問題來進行分組，得到的結果可能和第2個

問題大致相同。
經過評估後，我們先用第2個問題來將7人分組。
7人的分組狀況羅列如下：

> A：「偷吃者是1人」
> D：「偷吃者是4人」
> C、G：「偷吃者是2人」
> B、E、F：「偷吃者是3人」

接下來，我們可以針對各組來進行分析。

回答「偷吃者是1人」的A

先來檢視A。A對3個問題的回答是：
A：「我是偷吃者，偷吃者只有1人，老實人只有1人。」

我們先假設A這些話都是真話，也就是說，只有A是老實人。
這麼一來，其餘6人都是騙子。
在這種情況下，自稱「不是偷吃者」的C、D、E、F，事實上都是偷吃者。
這又和A所稱「只有我1人是偷吃者」相互矛盾。

因此A不可能是「老實人」，只能是「騙子」。
根據，A對其他問題的回答，可以推論出：

> - A是騙子，但沒有偷吃蛋糕。
> - 偷吃者不止1人。
> - 老實人不止1人。

回答「偷吃者是4人」的D

接著我們來看D對問題的回答。

D：「我沒有偷吃，偷吃者有4人，老實人只有1人。」

A也說過「老實人只有1人」，但我們已證明A是騙子。
現在D也說「老實人只有1人」。

因此，D同樣是騙子。
根據D對其他問題的回答，可進一步推論出：

- D是騙子，而且偷吃了蛋糕。
- 偷吃者並不是4人。

回答「偷吃者是2人」的C、G

接著我們看C、G的發言。

C：「我沒有偷吃，偷吃者有2人，老實人有2人。」
G：「我是偷吃者，偷吃者有2人，老實人有2人。」

兩人的回答中，「偷吃者的人數」和「老實人的人數」都相同，由此可知C和G不可能1個說真話、1個說假話。換句話說，C和G的發言真偽必然一致。

目前我們已知道「老實人不只1人」、「偷吃者不是4人」，這兩點並沒有和C、G的回答產生衝突。所以我們先假設C和G是老實人。

由於C與G都聲稱「老實人有2人」，這代表除了C與G以外的所有人皆是騙子。這麼一來，那些說「我沒有偷吃」的D、E、F通通是騙子，表示他們其實都是偷吃者。

但若再把G也算進去，等於D、E、F、G四人都是偷吃者，這又和G「偷吃者是2人」的說法衝突。

由此可以證明，C、G並非老實人，而是騙子。
根據他們對其他問題的回答，可以推導出以下：

- C是騙子，而且是偷吃者。
- G是騙子，但不是偷吃者。
- 偷吃者並不是2人。
- 老實人並不是2人。

回答「偷吃者是3人」的B、E、F

最後來看B、E、F的回答。
B：「我是偷吃者，偷吃者有3人，老實人有3人。」
E：「我沒有偷吃，偷吃者有3人，老實人有3人。」
F：「我沒有偷吃，偷吃者有3人，老實人有3人。」

終於到了收尾的關鍵時刻。我們來回顧目前已確定的線索如下：

- 除B、E、F以外的4人是騙子。
- C和D是偷吃者。

此外，題目裡也提到「7人當中至少有1個老實人」。

代表B、E、F這3人之中,至少有1人是老實人。

不過B、E、F對「偷吃者的人數」和「老實人的人數」的回答完全一致。這意味著他們不可能有的說真話、有的說假話。
由此可見,B、E、F必定全部都是老實人。

「誰」偷吃了蛋糕

7人的身分可以整理如下：

	老實人or騙子	清白者or偷吃者
A	騙子	清白者
B	老實人	偷吃者
C	騙子	偷吃者
D	騙子	偷吃者
E	老實人	清白者
F	老實人	清白者
G	騙子	清白者

由上表可知,真正的偷吃者是不承認偷吃的騙子C、D,以及坦承偷吃的老實人B,總共3人。

答案 ｜ 偷吃蛋糕的人是B、C、D

總結 題目雖然相當複雜，但實際上驗證步驟非常單純。先將7人按回答內容分組，再假設「如果這人是老實人／騙子」，逐一驗證其發言有無矛盾。關鍵技巧是一開始就要思考「先聚焦於哪一個問題的答案」，並透過答案內容進行分組。

當面對訊息量過大的問題時，務必先「篩選」及「歸納」，也就是透過「簡化」來找到切入點。在日常工作中，這也是極為重要的技巧。每次碰到複雜問題時，我也總是先進行「篩選」和「歸納」。

POINT

- 當已知訊息量太多時，更必須具備整理能力與俯瞰思考能力。
- 透過「篩選」及「歸納」等簡化過程，讓切入點自然浮現。

Column 2　辛普森悖論

將訊息分組進行分析研究，有時會出現「分組的觀察結果」與「整體的觀察結果」不一致，甚至剛好相反的現象。

舉個例子，以下是2家補習班的學生應考成績統計。B補習班在初試及複試的合格率都高於A補習班，但以整體來看，A補習班的合格率卻較高。

A補習班：初試80%（120/150），複試2%（1/50），合計60.5%（121/200）
B補習班：初試98%（49/50），複試40%（60/150），合計54.5%（109/200）

如果對統計數據的分析不夠謹慎，就有可能被這樣的結果誤導。這在統計學上稱為「辛普森悖論」（Simpson's Paradox）的現象，有興趣的讀者可自行搜尋更詳細的資料。

從稀少的線索俯瞰全貌

俯瞰思考 11

難易度 ★★★★☆

本章即將來到尾聲。接下來要磨練的是俯瞰思考的精髓，也就是「靠少量訊息洞悉全貌」這項能力。讓我們挑戰以下難題，進一步提高自身能力吧。

不為人知的循環賽

某單位舉辦了一場腕力比賽。
比賽以1對1形式進行，8名選手採用循環賽制。
每個參賽者都必須和其他參賽者比賽1次。
勝者得1分、敗者得0分，
若是平手，雙方各得0.5分。

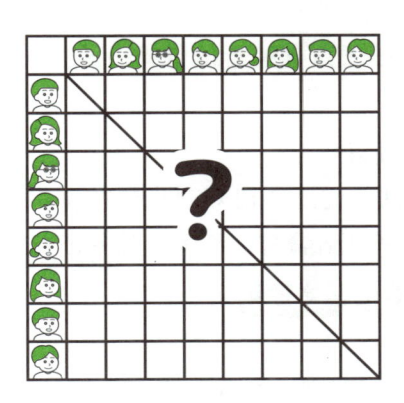

最後結果如下：
「所有人的得分都不相同。」
「第2名的得分，和末尾4名選手的總得分相同。」

請問，第3名和第7名的對決是誰贏了？

解說 呃……這是什麼狀況……？真的能解得出來嗎？題目很短，但難度很高，一看就知道相當棘手。關鍵就在於，你能否看透這道難題的巧妙詭計？

提示1 先思考所有人的「比賽場數」。
提示2 每進行1場比賽，整體總得分就增加1分。
提示3 「末尾4名」的得分是重點。

先增加可用的線索

我想任何看到這題的人，都會覺得「訊息太少了」。

8人進行循環賽。
勝者得1分，敗者0分，平手則雙方各得0.5分。
所有人的得分都不相同。
第2名的得分，和末尾4名選手的總得分相同。

目前已知條件只有這些。
接下來必須想辦法，從這些已知訊息中挖掘出新線索。
即便不知道對推導出結論有何幫助，**蒐集所有可能成為線索的訊息，仍是非常重要的基本原則**。

首先，由8人進行循環賽，整體的比賽總場數應該能輕易算出。
1人要打7場，8人就是 $7 \times 8 = 56$ 場。
但每場比賽由2人對戰，因此實際場數是一半，也就是 **28場**。
另外，題目中還提到「末尾4名」。
以相同方式計算，可知末尾4名彼此之間的對戰場數為6場。

找到了關於「第 2 名得分」的線索

既然目前已經知道比賽總場數，接下來讓我們把焦點放在「得分」上。

勝者得 1 分。
敗者得 0 分。
平手則雙方各得 0.5 分。

根據這項規則，每進行 1 場比賽，8 人的整體總得分就增加 1 分。因此 **8 人最終的總得分必定是與比賽場數相同的 28 分。**

另外，前面也提到，末尾 4 名之間共有 6 場比賽。
由於末尾 4 名也會與前面 4 名比賽，所以不清楚末尾 4 名的各自勝負場數，但至少能確定末尾 4 名的總得分不可能低於 6 分。
而題目又說：「第 2 名的得分，與末尾 4 名的總得分相同。」
由此可推知，**第 2 名的得分至少是 6 分以上。**

確定「第 2 名的得分」

現在再回到 8 人循環賽的前提。
每人各打 7 場，也就是**最多能拿到 7 分。**

剛才我們推斷第 2 名得分必然在 6 分以上，所以可能是「6 分」、「6.5 分」或「7 分」。
但「7 分」不可能是第 2 名。因為能拿到「7 分」代表全勝。
而全勝者應當是第 1 名，所以**第 2 名不可能是 7 分。**
那麼會是「6.5 分」嗎？也不可能。

題目說「所有人的得分都不相同」。如果第2名是6.5分,那麼,第1名就必須是7分,也就是全勝。
既然第1名全勝,第2名必定被第1名擊敗。
所以第2名的分數最高只能是6分,不可能拿到6.5分。

因此,唯一合理的推論就是:
第2名的得分是6分。
既然如此,末尾4名的總得分也是6分。

某種規則開始浮現

第2名是6分,那第1名就可能是「7分」或「6.5分」。
先假設第1名是7分,我們來推導看看合不合理。
目前能確定的條件如下:

- 第1名拿7分
- 第2名拿6分
- 末尾4名的總分是6分

8人的總得分是28分。
扣掉第1名、第2名及末尾4名的分數,代表第3名和第4名的總得分相加應該是9分。
而且已知第1名全勝,第2名只輸給第1名,那第3名一定至少輸給前2名。再加上「第3名分數必定低於第2名」及「所有人的得分都不同」這兩個條件,綜合來看,第3名與第4名的得分必定如下:

- 第3名拿5分
- 第4名拿4分

讓我們把目前的推論結果製作成下列表格。

排名	輸贏	最終得分
第1名	○○○○○○	7分
第2名	×○○○○○	6分
第3名	××○○○○	5分
第4名	×××○○○	4分

第2名輸了1場,比賽對手是第1名。
第3名輸了2場,比賽對手是第1名和第2名。
第4名輸了3場,比賽對手是第1名、第2名和第3名。

換句話說,從第1名到第4名都符合以下條件:
輸給排名比自己高的人,且贏過排名比自己低的人。

從這個規則可以推導出的事實

第1名到第4名的人,與所有比自己排名高的對手比賽都輸了。
而與所有比自己排名低的對手比賽都贏了。

換句話說……
末尾4名在與前面4名比賽時,必然全部敗北。
所以,**第3名必定贏過第7名。**
這就是答案。

順帶一提，如果第1名的分數是6.5分，則前面4名的得分會變成這樣：

- 第1名：6.5分
- 第2名：6分
- 第3名：5.5分
- 第4名：4分

這表示「第1名與第3名打成平手」。雖然這樣的情況也成立，但最終結論依然相同：第3名擊敗了第7名。

答案　　　　　第3名贏了第7名

總結 這題的困難點在於「必須自行根據題目中已知訊息，推算出解題所需的條件」。例如要推算出「8人循環賽總共會有28場比賽」、「勝者得1分代表全勝是7分」等等。透過換個角度思考已知訊息，不斷擴充線索，就能逐步向前推進。雖然並不容易，卻充分展現了俯瞰思考的核心要訣。

POINT

- 剛開始或許找不到解題的明確路徑，但只要從不同角度審視已知訊息，藉此增加線索，最終將能看穿全貌，找到切入點。

在黑暗的思緒中摸索前進

俯瞰思考 12

難易度 ★★★★★ + ★★

剛才我們已經體驗了如何根據少許線索推導出整體情況，但可別以為這已經是極限。現在讓我們來挑戰一道**超高難度的題目**吧。

不為人知的運動會

某單位舉辦了一場只有三人參加的運動會。
每種比賽項目中，第1名可得X分、第2名可得Y分、第3名可得Z分。
這三個分數在所有比賽項目裡固定不變。
目前可知 X＞Y＞Z＞0，且X、Y、Z都是整數。
運動會全部結束後，
沒有任何一場的名次出現平手的情況，
並已知以下結果。

「A總成績22分。」
「B在標槍項目拿下第1名，總成績9分。」
「C總成績9分。」。

請問，在100公尺賽跑中，獲得第2名的是誰呢？

解說 這一題我可以想像有人讀到一半，便在心裡嘀咕「跟前一題『不為人知的循環賽』沒什麼不同」，看到最後一句卻驚呆了。整個題目從頭到尾根本沒提到100公尺賽跑，誰會知道100公尺賽跑的第2名是誰？

……我可以拍胸脯保證，這個問題解得開。當然若問我容不容易，那肯定是不容易的。事實上，這是一道設計得非常巧妙的邏輯思考題，只要掌握一開始的切入點，後面的推導幾乎都是水到渠成。若能獨力解開，保證會感到非常痛快。因此我建議別看太多提示，先自己嘗試解解看。

提示1 得分必須是「符合 X＞Y＞Z＞0 的整數」，這點非常重要。
提示2 每場競賽3人得分的總和是固定的。
提示3 「競賽數量」與「得分狀況」幾乎是同時確定。
提示4 每場競賽的總得分最大值與最小值可立即算出來。

充滿疑點的競賽

這一題缺乏許多關鍵訊息，但最大的疑問莫過於：「除了標槍和100公尺賽跑以外，到底還有哪些比賽？」
在題目中，關於比賽項目的描述只有：
B 在標槍項目拿下第1名，總成績9分。
請問，在100公尺賽跑中，獲得第2名的是誰呢？

我們只能確定至少有「標槍」及「100公尺跑」這2項競賽。
除此之外，甚至連「所有競賽加起來共有幾場」都不清楚。

既然幾乎完全沒有「競賽」方面的訊息，我們只能從題目提示的「總成績」中找線索。事實上，除了「總成績」之外，題目幾乎

什麼也沒說,因此,我們必然得以此為起點:
<u>從「已確定的環節」下手,是解決問題的常用手段。</u>

現在就讓我們嘗試看看。
從題目中提供最多訊息的「總成績」開始抽絲剝繭。

A總成績22分。
B在標槍項目拿下第1名,總成績9分。
C總成績9分。

這三句話包含了好幾個可能成為切入點的數字。

敏銳的洞察力能夠讓可能的選項浮現

目前已知的數字,有A的22分、B的9分、C的9分,三人加總正好為「40分」。也就是說,**所有競賽的分數總和是40分**。

題目還提到,每場競賽的分數分別為X、Y、Z,且「X＞Y＞Z＞0,皆為整數」。由此可得知「**競賽數量×(X＋Y＋Z)＝40**」。

從這裡可以推導出一條關鍵線索。
整個運動會的競賽數量,一定是「可以讓40整除的數字」。

舉例來說,如果只有2場比賽,「40÷2＝20」,代表每場的三人得分總和是20分。但若是3場,除起來就變成「40÷3＝13.333……」,無法整除。
所以,「<u>全部的競賽數量,必定是可以讓40整除的數字</u>」。

知道了這些以後，我們就能推估「可能的競賽數量」。
簡單來說，競賽數量必須是40的因數，也就是以下這幾個數字。

> 1、2、4、5、8、10、20、40

根據已知條件進一步篩選

X＞Y＞Z＞0，且都是整數。

這句話為我們提供了另一個關鍵線索。
那就是單場競賽三人合計分數的「最小值」。
因為若X、Y、Z皆為大於0的整數，且X＞Y＞Z，能成立的最小組合便是X＝3、Y＝2、Z＝1，這樣單場競賽的合計分數最少是6分。

綜合上述訊息，可歸納出以下兩個條件：

> ① 競賽數量可能為：1、2、4、5、8、10、20、40
> ② 單場競賽的合計分數至少6分。

另外兩者還必須滿足以下條件：
競賽數量（①）×單場競賽合計得分（②）＝整場運動會總得分40分。

將這些條件彙整後，可能的選項就大幅減少。
舉例來說，假設競賽數量是10場，而單場合計得分至少是6分，整體總得分就會超過60分。
這樣一來，結果便與「總得分只有40分」的事實矛盾，所以假設不成立。

如果我們用同樣的邏輯來推算「多少競賽數量才能讓上述條件成立」，將得到以下結果：

競賽數量	單場合計得分	是否成立
1	40	不成立。因為已知至少有2種競賽項目（標槍、100公尺賽跑）。
2	20	不成立。B在標槍項目拿下第1名，總成績只有9分。若總共只有2場比賽，A不可能總成績22分。
4	10	成立。與任何條件都不衝突。
5	8	成立。與任何條件都不衝突。
8	5	不成立。單場合計得分最少是6分。
10	4	不成立。理由同上。
20	2	不成立。理由同上。
40	1	不成立。理由同上。

由上表可知，只有在「4場」或「5場」時，才能使「總得分40分」成立。

第1～3名各該拿多少分？

競賽數量只剩「4」及「5」這兩種可能。
相對應的單場合計得分，分別是「10分」及「8分」。
接下來，我們就能嘗試推算第1名、第2名及第3名各自得到多少分。
以下分別假設競賽數量是4及5，來進行驗證。

先假設競賽數量是「4」。
由於總得分是40分，所以單場合計得分是10分。

符合「X＞Y＞Z＞0」的整數組合，有以下4種。

（5、3、2）
（5、4、1）
（6、3、1）
（7、2、1）

接著，我們來分別驗證這4種組合，「三人的總成績」在此時便能派上用場。

5,3,2	不成立。就算4場全拿第1名，也只有5×4＝20分，無法達到A的22分。
5,4,1	不成立。理由同上。
6,3,1	不成立。這樣的分數組合不可能配出個人總成績22分。
7,2,1	成立。與任何條件都不矛盾。

由上表可以看出，只有（7、2、1）這個分數組合能夠成立。
依照這個分數組合，A有機會能拿到22分（例如贏3場第1名各拿7分，1場第3名拿1分）。

但是B的總成績無論怎麼配，都不可能是9分。
因為B在標槍比賽奪得第1名。
光是這場就得了7分。
就算其餘3場都拿第3名，每場得1分，總分會是10分（7＋1＋1＋1＝10），超過已知的9分。

由此可證明，競賽數量並不是4場。
既然不是4場，那競賽數量必然是5場。

終於推導出最後的數字

得知比賽數量是5場,那麼每場的三人合計得分必然是8分(因為三人合計40分,40÷5＝8)。要符合「X＞Y＞Z＞0」且每場總分為8分的分數組合只有以下2種。

(4、3、1)
(5、2、1)

推導到這裡,就只差臨門一腳了。
接著我們再分別驗證這2種組合：

4, 3, 1	不成立。若第1名只有4分,每個人最多只能拿4×5＝20分,無法達到A的22分。
5, 2, 1	成立。與任何條件都不矛盾。

於是我們得出了結論。
總共舉辦5場比賽,每場的名次對應分數為「第1名5分、第2名2分、第3名1分」。

題目問的是什麼？

眼看真相已經呼之欲出,但我們還沒有走到終點。
你還記得題目問的是什麼嗎？
題目問的是「100公尺比賽的第2名是誰」。

「差一點就忘了……可是在推導過程中,從來沒提到100公尺比賽……我們該不會是在白費力氣吧？」

我懂你的心情，但千萬別灰心，我們已經離答案不遠了。
再堅持一下，仔細想一想。

題目已經給了三人的總成績。
我們知道比賽有5場，而且配分方式是「5分、2分、1分」。
由此可以推算出**三人的各項比賽得分**。

先來看A的情況。A總共拿了22分，要達到22分，唯一的可能組合是「4次拿第1名（4×5＝20分）＋1次拿第2名（2分）」。
換句話說，**A只有1次沒有得到第1名**。
而那場必然是B拿到第1名的標槍比賽。

「運動會的結果」完全揭曉

接著我們看B的情況。B總共拿9分，而且標槍拿下第1名，得了5分。
因此，剩下4場比賽必然都是第3名，各得1分，合計正好9分。
如今我們已經知道A與B在5場比賽中的名次。
當然也就可以推導出C的名次。
綜合以上結論，可歸納出下表。

比賽項目	A	B	C
標槍	第2名（2分）	第1名（5分）	第3名（1分）
?	第1名（5分）	第3名（1分）	第2名（2分）
?	第1名（5分）	第3名（1分）	第2名（2分）
?	第1名（5分）	第3名（1分）	第2名（2分）
?	第1名（5分）	第3名（1分）	第2名（2分）
	合計22分	合計9分	合計9分

這就是整場運動會的全部比賽結果。
請注意C的名次。
從表中可以看出，除了「標槍」，C在所有項目都獲得第2名。

我們並不知道除了「標槍」以外還有哪些競賽項目，也不知道哪一場是「100公尺賽跑」。
但不管哪個項目是100公尺賽跑，反正除了標槍，所有第2名都是C。因此答案就是「C」。

> **答案** ｜ 「100公尺賽跑」第2名是C。

總結 這題的關鍵在於，如果直盯著「競賽項目」來思考，肯定無法解出答案。畢竟題目沒有提供任何線索，光顧著想「100公尺賽跑的結果是什麼」或「其他項目是什麼」，也只會原地踏步。
乍看之下好像與答案無關的「得分」，反而成了最佳的切入點。我們以此為起點，逐漸累積線索，最終自然能讓答案浮現。雖然訊息量相當有限，但依靠一步一腳印的推理，仍然能抵達終點。「除了標槍，其餘比賽的第2名竟是同一個人」這個結局也別具巧思。

即使過程繁瑣，也要堅持下去。「在驗證所有選項後，最終留下的那個選項」才是最值得信賴的。而要推導出那個選項，就不能貪圖捷徑，只能踏實地對已知的事實加以分析、整理，並逐漸勾勒出真相。
剛開始毫無頭緒，像瞎子摸象一樣，在黑暗中一邊摸索一邊前行，最後逐漸掌握「隱藏在黑暗中的全貌」，這正是邏輯思考問題的有趣之處。推薦大家反覆挑戰，掌握這種推理的思維過程。

對了,這題同樣出自美國國家安全局網站。作為俯瞰思考的壓軸題目,本題可說是當之無愧。

> **POINT**
> - 「藉由已知線索推導出新線索」、「根據新線索俯瞰整體」、「逐一驗證各種可能的選項」以上3個步驟正是俯瞰思考的精髓。

Column 3　創新者的兩難

在商業領域,廣泛且整體地鳥瞰全局的「俯瞰思考」是相當重要的能力。「創新者的兩難」理論正好能讓人深刻體會這一點。這個概念是由美國企業家兼經營理論家克雷頓・克里斯坦森(Clayton Christensen)於1997年在其著作中提出。

這套理論解釋了大企業為何會敗給新興企業。簡單來說,因為現有產品過於優秀,大企業完全把關注的焦點放在「如何更加突顯產品本身的強項與特色」,因而忽視了市場狀況與顧客需求。這導致大企業無法及時發現新的需求與技術,延誤進入新興市場的時機。

生產相機底片的「柯達」正是最著名的案例。在1960年代,柯達在全球擁有超過4000億圓的營業額。如此巨大的企業卻在2012年破產,主因就在於數位相機的崛起。柯達雖是全球第一家研發出數位相機的企業,但當時傳統底片為柯達帶來非常可觀的利潤,再加上數位相機初期性能尚不成熟,導致柯達過度輕忽了這項技術,因而錯失了創新的良機。

克里斯坦森也提到,創新分為「持續性創新」及「破壞性創新」,前者對現有產品不斷改良,後者則創造與既有產品截然不同的新價值。大企業往往只專注於持續性創新,而忽視了破壞性創新的重要性,因而陷入兩難局面。

每當某件事進展順利時,我們往往會被既有成功給束縛住。因此,越是一帆風順的時候,越需要運用「俯瞰思考」,從更宏觀的視角來看待事物。

第 5 章

學會
多元思考
的人

才解得開的問題

所謂的多元思考，
就是對於關注的事物，同時從多個面向進行思考。
第4章的俯瞰思考，
是提高視點的高度，從上方俯瞰全局；
而本章的多元思考，則是改變觀察事物的角度。

例如，突然下雨對大多數人來說是件麻煩事，
但若站在販賣雨傘的店家或農夫的角度，
就成了一件值得高興的事。
即便是相同的事實，若能做到不侷限於單一視角，
嘗試改變觀察的面向，
就能發現原本看不見的另一層真相。

吵架時，雙方當事人都認為自己才是對的。
同樣的道理，這世上幾乎不存在絕對的答案。
聰明人不會只憑藉單一觀點就作出判斷，
而是會從各種面向進行評估與考量，
最後找到最適切的解決辦法。
接下來，我將介紹12道需要多元思考的題目。

切換視角的思維模式

多元思考
1

難易度 ★☆☆☆☆

多元思考就是**以不同的角度思考同一件事**。先來試試最簡單的一題，感受一下這種思考邏輯吧。

臉上沾到泥巴的2人

你和哥哥一起整理了庭院。
雙方都能看見對方的臉，卻看不見自己的臉。
回到家裡時，父親看了你們的臉，
對你們說：「你們至少有1人的臉上有泥巴」。
父親讓你們面對著面，接著說：
「如果認為自己臉上有泥巴，就舉手。」

你和哥哥都沒有舉手。
於是父親又問了一次：
「如果認為自己臉上有泥巴，就舉手。」

請問，此時你該不該舉手呢？

第 5 章 多元思考

> **解說** 為什麼一開始你和哥哥都沒有舉手？既然第一次沒有舉手，第二次父親又問相同的話，有什麼意義？仔細推敲看看，可能的情況其實並不多。試著從哥哥的角度思考這個問題。

狀況其實很單純

要判斷是否該舉手，必須先瞭解2人所置身的狀況。可能的狀況只有以下3種：

> ① 只有你臉上有泥巴。
> ② 只有哥哥臉上有泥巴。
> ③ 你和哥哥的臉上都沾了泥巴。

接著我們來推敲看看，哪一種狀況才是真相。

當「只有其中1人」臉上有泥巴時

如果你看到哥哥的臉上沒有泥巴，你會這樣想：

> 「父親說至少有1人臉上有泥巴，可是哥哥的臉很乾淨。那麼，有泥巴的就只能是我自己了。」

哥哥的想法必定也相同。若他看到你臉上沒有泥巴，就會立刻斷定「有泥巴的是我自己」。
換句話說，若只有1人臉上有泥巴，那個人馬上就能知道「我臉上有泥巴」。
然而，2人在第一次被問時都沒有舉手。
由此可以推斷狀況必定是：

③你和哥哥的臉上都沾了泥巴。

你雖然看見哥哥臉上有泥巴,但無法確定自己臉上是否也有泥巴,所以沒有舉手。

哥哥為什麼沒有舉手?

這就是多元思考的基本概念。
站在哥哥的角度,來解釋他為什麼不舉手。

>「如果我臉上沒有泥巴,哥哥應該會立刻知道自己臉上有泥巴並舉手。但他並沒有舉手。」
>「這表示我自己臉上也有泥巴,所以哥哥一樣無法確定自己臉上是否也有泥巴,所以才沒舉手。」

如此便能推斷你的臉上確實有泥巴。

答案　| 　你應該舉手

總結 不要只守著自己的視角,要嘗試從不同角度思考問題,這就是多元思考的基本概念。「對方的這個舉動,從對方的角度來看,代表什麼意思?」這種切換思維角度的能力,往後會越來越重要。

POINT
- 所謂的多元思考,就是切換觀察事物的角度。
- 基本原則是推敲「在這種情況下,他人會怎麼想」。

多元思考 2

揣測他人的想法

難易度 ★☆☆☆☆

前一題嘗試從「2人」的視角來思考,現在我們**將增加人數**。以下這道題,將試試你是否能夠維持清晰的思路,踏實地推導出真相?

頭髮凌亂的3人

你和哥哥、姊姊一起搭乘火車。
3人正在看書時,突然一陣強風吹進車廂。
你抬起頭,看見哥哥和姊姊的頭髮亂了,
於是你竊笑了起來。

哥哥和姊姊也持續笑個不停。
看到這一幕,你心裡想著:
「他們都以為自己的頭髮沒亂,
各自看著對方亂糟糟的髮型而發笑呢。」

請問,你的頭髮是否也亂了呢?

解說 這題與前一題「臉上沾到泥巴的2人」情境相似，只不過這次參與者變成3人。想想看，每個參與者的想法，會出現什麼樣的變化？嘗試把這道題當作訓練機會，熟悉一下先前所學的思維方法吧。

為什麼哥哥、姊姊一直笑個不停？

哥哥看到姊姊頭髮凌亂，所以笑了出來。
姊姊也看到哥哥頭髮凌亂，所以笑了出來。
由此推測，他們都認為自己的頭髮很整齊，以為只有對方的頭髮變亂了。

這是你剛開始的推測。
但是這裡出現一個疑點：
「為什麼他們持續笑個不停？」

假設你的頭髮並不凌亂，哥哥看到持續笑個不停的姊姊時，應該會想到：

> 「姊姊在笑，但是弟弟（你）的頭髮明明沒亂，所以一定是我自己頭髮亂了，才讓姊姊笑個不停。」

當哥哥意識到這一點，他就不會再繼續笑，而是會開始整理自己的頭髮。
但他並沒有這麼做，而是一直在笑。
這意味著一件事：哥哥內心是認為「**姊姊是看著弟弟（你）笑個不停**」。

同樣的道理，姊姊也認為「哥哥是看著弟弟（你）笑個不停」，所以她不知道自己頭髮凌亂，仍然笑個不停。
由此可知，你自己的頭髮也亂了。

> **答案** ｜ 　　　　　**你的頭髮也亂了**

總結 解題的關鍵在於「思考哥哥如何解讀姊姊的思考」，從中推敲出答案。多元思考並不侷限於「站在對方的角度思考」，還包含推敲「對方心中所想的第三者想法」，以及「對方心中所想的自身想法」等等，內含不只一次的立場切換。後面或許會出現必須推敲「對方如何推敲我如何推敲對方如何推敲」的題目呢……呵呵。

POINT
- 「考慮A如何認定B的想法」這種多重思維轉換，也是多元思考的核心概念。

看穿行動背後的意義

多元思考 3

難易度 ★ ☆ ☆ ☆ ☆

透過切換視角的思考模式,就能洞悉他人行動中隱含的意圖。接下來這道題目,試著換個角度來**理解他人行動所代表的意義**吧。

樓梯上的帽子

你、哥哥、姊姊共3人戴著帽子,站在樓梯上。
由下而上依序是哥哥、你、姊姊。
你看不見自己帽子的顏色,
但能看見站在前面的人的帽子。

共有2頂紅色帽子與2頂藍色帽子,
3人各戴著其中1頂,而且3人都知道這一點。
父親告訴3人:
「誰能猜出自己帽子的顏色,就給他獎勵。」
但是剛開始的時候,沒有人能猜得出來。

你能猜出自己帽子的顏色嗎?

第5章 多元思考

解說 這是常見的「帽子問題」中相當知名的一道題目。類似「33％的帽子」或「紅藍標記」，不過與前者不同之處，在於3人可見到的帽子數量各不相同。表面看來，能看見最多帽子的姊姊似乎占有優勢，但真的是這樣嗎⋯⋯？

某些情況能瞬間知道答案

你看不見自己帽子的顏色，但能看見站在前面的人的帽子。
共有2頂紅色帽子與2頂藍色帽子，3人各戴著其中1頂。

姊姊能同時看見你和哥哥的帽子，局勢似乎對你和哥哥不利。
只有一種情況，姊姊能立刻猜出自己的帽子顏色。
那就是「你和哥哥的帽子顏色相同」。

因為同色帽子只有2頂，如果你和哥哥的帽子同色，姊姊就能馬上知道自己帽子一定是另一種顏色。

「沉默」隱含的意義

> 如果你和哥哥的帽子顏色相同，姊姊就能立刻答出自己的帽子顏色。

以上是我們已經推導出的規則。

但題目明確指出「剛開始的時候，沒有人能猜得出來」。
這個沉默代表了什麼意思呢？

表示你和哥哥的帽子並非相同顏色，所以姊姊無法立刻判斷出自己的帽子顏色。

而你看得到哥哥的帽子顏色。
所以你只要宣告「不同於哥哥帽子顏色的另一色」，那肯定是正確的答案。

| 答案 | 你能猜出自己戴的帽子顏色 |

總結 這題最有意思的點在於，能夠先猜出答案的人是排在中間的你，而不是擁有最多訊息的人（姊姊）。關鍵就在「姊姊為什麼沒法回答」這個事實所代表的訊息，成了判斷的線索。只要想通「姊姊沒回答，代表顏色的組合讓她不知道答案」，就能推知自己的帽子顏色。這一題讓我們明白，即便自己所掌握的訊息還不足以下結論，但只要能夠洞悉他人的思考或行動意圖，有時就能獲得新的解題線索。

POINT
- 他人行動背後的邏輯與動機，也能成為重要提示。
- 「不知道」的狀態本身也是寶貴的線索。

多元思考 4

預見未來的發展

難易度 ★★☆☆☆

多元思考不只是站在他人的立場思考,也包含**跳脫「現在」的思維**。下一道題目,就來試試看你能否作出冷靜的判斷。

3人槍戰

你與A、B共3人拿著水槍輪流開槍,
被射中者淘汰出去。
射擊順序為「你→A→B→你→A→B→……」,
持續到只剩最後1人。

3人的射擊能力並不相同。
「你的命中率為30%。」
「A的命中率為50%。」
「B的命中率為100%。」

3人都十分理性,會採取最佳策略爭取勝利。

請問,若你想贏,最理想的行動是什麼?

解說 面對命中率50％的A和100％的B，該先瞄準誰似乎根本不用考慮。但若仔細推敲其他2人的想法，你會發現另一個能提高勝算的意外選項。

如果先瞄準A或B開槍，會發生什麼狀況？

你是第1個開槍的人。
你可以選擇「瞄準A」或「瞄準B」。
假設你第1槍就擊中A，那A被淘汰後，接下來就由B開槍。
B的命中率是100％，你必死無疑。
因此一開始就擊倒A絕對不是明智之舉。

另一種情況，如果你先擊倒B，剩下你與A互射。
雖然B最強，但A的命中率也有50％，比你的30％高。
換句話說，你還是有很高的機率會輸。
再加上在你擊倒B之後，A在射擊順序上優先於你。
這種情況對你同樣不利，無論如何都必須避免。

操控敵人的意外戰術

第1輪就讓A或B淘汰出局，你的處境會變得很糟糕。
這引導出了一個結論：
在第1輪，你不能擊倒任何敵人。

假設你刻意射偏，輪到A開槍。
A肯定會選擇「瞄準B」。
因為對A而言，保留命中率只有30％的你，是比較安全的抉擇。
若讓100％命中率的B存活到他的回合，A就危險了。

而且A心裡會這麼想：「如果在3人都沒有淘汰的情況下，輪到B開槍，由於自己的命中率比較高，B一定會瞄準自己。」
所以對A來說，先瞄準B開槍絕對比較有利。

若A成功擊倒B，就只剩你與A，而接下來由你先開槍。
如果A失手沒有擊中B，則B一定會選擇先幹掉命中率較高的A，而且是100％命中。
剩下你與B，接著同樣由你先開槍。

綜合以上推論，只要第1輪刻意打偏，你便能確保 自己在和另一人單挑時擁有先出手的機會。
這就是你的最佳策略。

答案　｜　第1輪你應該刻意射偏

總結「命中率最低者，反而不會成為首要目標」，只要利用這個「下位優勢」就有可能逆轉局勢。計算實際機率，如果你第1輪就擊倒B，再與A對決，你的勝率大約只有15％（A射偏機率50％，乘以你接下來命中機率30％）；但如果你第1輪射偏，你的勝率會提升到30％（無論最後留下的是A或B，都是由你先開槍）。像這樣藉由多元思考，往往能想到「操控他人的行動，讓局勢對自己更有利」的策略。

POINT

- 藉由站在他人立場的「預判」，能夠讓情勢變得對自己有利。

改變思考方向

多元思考

5

難易度 ★★★☆☆

面對會隨著時間變化的問題時，除了「預判」之外，還有另一個有效的方法。接下來這道題目，就看你能否意識到那一點。

討厭人群的酒吧

有間酒吧，專門吸引不喜歡與人打交道的客人上門。
酒吧裡放了25張椅子，排成一長排，
所有客人都會坐在「離先來者最遠的座位」上。

沒有客人願意坐在旁邊有人的座位。
當客人進門時，
如果發現已沒有座位能與他人保持距離，
客人就會立刻離開。

酒保希望盡量讓多一點客人坐下來喝酒。
假設酒保可以決定第1名客人的座位，
請問，應該讓客人坐在哪個座位上比較好？

解說 不希望旁邊的座位有人坐。我非常能夠理解那種心情，有時就是想在酒吧獨自喝酒。或許全世界的酒吧都有類似困擾吧。讓我們懷抱著拯救酒保的心情，來思考這個問題吧。

看似簡單卻相當麻煩的「客人動線」

本題的目標，是找出「能讓最多客人就座的策略」。
既然如此，我們應該先確認「理想情況下」最多能坐多少人。

25張椅子，每個客人都不希望旁邊有人。
最理想的情況，應該是兩邊的最末尾都有人，中間則是「有人」與「空位」互相交錯。

● ○ ● ○ ● ○ ● ○ ● ○ ● ○ ● ○ ● ○ ● ○ ● ○ ● ○ ● ○ ●
1 2 3 4 5 6 7 8 9 10 11 12 13 14 15 16 17 18 19 20 21 22 23 24 25

這樣能坐 **13名客人**。
這就是我們想要追求的目標。

可惜客人不會自動配合坐成這樣。
若第1名客人選了第1張椅子，第2名客人一定會坐到最遠處的第25張椅子。
第3名客人則會選在兩人正中間的第13張。
接著第4名客人會坐在第7張或第19張。
此時會變成這種情況。

● ○ ○ ○ ○ ○ ● ○ ○ ○ ○ ○ ● ○ ○ ○ ○ ○ ● ○ ○ ○ ○ ○ ●
1 2 3 4 5 6 7 8 9 10 11 12 13 14 15 16 17 18 19 20 21 22 23 24 25

到目前為止都沒什麼問題，但接下來就麻煩了。

下位客人可能會坐在第1張與第7張間的空位，也就是第4張。
再下一名客人，則會坐在第10張、第16張或第22張。
這麼一來，就會變成這種情況。

● ○ ● ○ ● ○ ● ○ ● ○ ● ○ ● ○ ● ○ ● ○ ● ○ ● ○ ● ○ ●
1　2　3　4　5　6　7　8　9　10　11　12　13　14　15　16　17　18　19　20　21　22　23　24　25

此時，所有空位都會與其他客人相鄰，沒有兩側無人的座位可選，所以**最後僅有9人成功坐下**。
因為沒有人願意選擇與他人相鄰的座位。

從結果「倒推」回起點

該怎麼做才能避免這種情況？
可能的變化太多，光想就覺得很煩，對吧？
不過別擔心。
當我們遇到這種可以選擇的做法太多的複雜情況，有一個很好用的技巧。
那就是從結果「倒推」回起點。

從目標狀態慢慢往前回溯，最終回到初期狀態。
這就是所謂的「反向推算」。
現在我們再次確認目標狀態。

● ○ ● ○ ● ○ ● ○ ● ○ ● ○ ● ○ ● ○ ● ○ ● ○ ● ○ ● ○ ●
1　2　3　4　5　6　7　8　9　10　11　12　13　14　15　16　17　18　19　20　21　22　23　24　25

想想看，在達成這種狀態的「前一步」會是什麼樣子？

舉例來說，若第1張椅子和第5張椅子有人坐，那麼，第3張椅子就能再坐1個人。

● ○ ○ ○ ● ○ ○ ○ ● ○ ○ ○ ● ○ ○ ○ ● ○ ○ ○ ● ○ ○ ○ ●
1　2　3　4　5　6　7　8　9　10　11　12　13　14　15　16　17　18　19　20　21　22　23　24　25

要怎麼做，才能確保第5張椅子一定會有人坐呢？
……只要第1張和第9張有人坐就行了。

● ○ ○ ○ ○ ○ ○ ○ ● ○ ○ ○ ○ ○ ○ ○ ● ○ ○ ○ ○ ○ ○ ○ ●
1　2　3　4　5　6　7　8　9　10　11　12　13　14　15　16　17　18　19　20　21　22　23　24　25

只要第1張和9張椅子都有人坐，下一名客人就會坐到正中間的第5張椅子。那要怎麼確保一定會有人坐在第9張椅子呢？
只要第1張和第17張有人坐就行了。

● ○ ○ ○ ○ ○ ○ ○ ○ ○ ○ ○ ○ ○ ○ ○ ● ○ ○ ○ ○ ○ ○ ○ ○
1　2　3　4　5　6　7　8　9　10　11　12　13　14　15　16　17　18　19　20　21　22　23　24　25

我們再繼續往前回溯，怎樣才能確保第17張椅子一定會有人坐呢？
……只要第1張和第33張有人坐就行了。
可是這間酒吧只有25張椅子，並沒有第33張。
因此酒保在剛開始的時候，**必須讓第1名客人坐第17張椅子**。
這就是答案。
順帶一提，由於椅子的排列是左右對稱，**選第9張也可以達到相同效果**。

驗證看看

讓我們實際驗證看看。

首先，讓第1名客人坐第17張椅子。

○ ○ ○ ○ ○ ○ ○ ○ ○ ○ ○ ○ ○ ○ ○ ○ ● ○ ○ ○ ○ ○ ○ ○ ○
1　2　3　4　5　6　7　8　9　10　11　12　13　14　15　16　17　18　19　20　21　22　23　24　25

第2名客人就會選擇離第17張最遠的第1張椅子。

● ○ ○ ○ ○ ○ ○ ○ ○ ○ ○ ○ ○ ○ ○ ○ ● ○ ○ ○ ○ ○ ○ ○ ○
1　2　3　4　5　6　7　8　9　10　11　12　13　14　15　16　17　18　19　20　21　22　23　24　25

接下來，第3、4名客人會坐在第9張及第25張。

● ○ ○ ○ ○ ○ ○ ○ ● ○ ○ ○ ○ ○ ○ ○ ● ○ ○ ○ ○ ○ ○ ○ ●
1　2　3　4　5　6　7　8　9　10　11　12　13　14　15　16　17　18　19　20　21　22　23　24　25

接著是第5張、第13張、第21張。

● ○ ○ ○ ● ○ ○ ○ ● ○ ○ ○ ● ○ ○ ○ ● ○ ○ ○ ● ○ ○ ○ ●
1　2　3　4　5　6　7　8　9　10　11　12　13　14　15　16　17　18　19　20　21　22　23　24　25

然後是第3張、第7張、第11張、第15張、第19張、第23張。

● ○ ● ○ ● ○ ● ○ ● ○ ● ○ ● ○ ● ○ ● ○ ● ○ ● ○ ● ○ ●
1　2　3　4　5　6　7　8　9　10　11　12　13　14　15　16　17　18　19　20　21　22　23　24　25

總共13名客人成功入座。

> **答案** ｜ 讓第1名客人坐到從尾端算起的
> 　　　　　 第17張或第9張椅子

總結 若從頭開始設想，眾多的可能性恐怕會令人眼花撩亂。但只要先確認理想狀態，反向推算並站在其他人的立場思考問題，

第5章　多元思考

自然就能看出「中間的必經過程」。本題正是體驗「反向推算」的最佳問題，因為只要藉由「從目標狀態往回推」的方式剖析狀況，原本複雜的問題便能迎刃而解，充分展現了多元思考的重要性。

POINT

- 面對充滿各種可能性的複雜問題時，從理想結局逆推回起點，往往能順利縮小選擇範圍。

Column 4　公地悲劇

明明酒吧裡有25張椅子，卻因為每個人都不想坐在別人旁邊，自由選擇座位的結果，最後只坐得下9人，造成店家損失。這種「個人的自私行動導致全體受害」的情況，與「公地的悲劇」（Tragedy of the Commons）概念有幾分相似。

這個概念是由美國生物學家蓋瑞特・哈丁（Garrett James Hardin）於1968年的一篇論文中提出。舉例來說，假設有一群人共同擁有一片牧草地，其中某人覺得「我一個人任意放牛吃草，應該沒什麼大不了」，結果卻是其他人也抱著同樣想法，最終牧草被吃光，大家都蒙受巨大損失。

如果自發性地互相配合，其實所有人都能受惠，但往往會有人因自私而破壞規則。於是其他人也開始效仿，最終大家都是受害者。這個理論提醒了我們，幫助他人就是幫助自己的道理。

巧妙引導他人，創造理想結局

多元思考 6

難易度 ★★★☆

「從結果往前回溯」的思考方式，不僅有助於解決問題，甚至能**將其他人誘導至自己期望的結果**。以下這題需要同樣的思維模式，但難度更高了……

瓜分金幣

A、B、C、D、E這5人要瓜分100枚金幣。
規則是依照「A→B→C→D→E」的順序提出「分配方案」，
5人各自表態「贊成」或「反對」。
只要贊成人數達到半數以上，分配方案就會獲得採納。
但若方案遭到否決，提出方案的人就會遭到驅逐，
換下一人提出新的分配方案。

5人都擁有嚴謹的邏輯思維，誰也不願意遭到驅逐，
同時希望盡可能多拿到一些金幣。
另外，如果贊成與反對都不會改變自己拿到的金幣數量，
他們會選擇反對。
**請問，A應採取什麼策略，
才能讓自己拿到最多金幣？**

解說 本題改編自知名的「海盜與金幣」問題。雖然題目設定的條件很簡單，但實際推敲之後就會發現其實相當困難。因為只要有人被驅逐，其他人能分到的金幣就更多，所以5人原則上都會反對別人的提案。究竟要如何設計分配方案，才能獲得半數以上的贊成？本題雖然很難，但有一套非常明確的邏輯推論。這是邏輯思考題中備受推崇的好題，快來挑戰看看吧！

提示1 若一開始就直接根據題目來推想答案，思緒必定會亂成一團。
提示2 因此建議先推敲「只有2人時」該怎麼做。
提示3 「0枚」跟「不是0枚」的差異極為巨大。

先複習題目中的「驅逐制度」

本題的最大重點，就是驅逐制度。
舉例來說，假設A提議將100枚金幣分成5等分（20、20、20、20、20）。
5人（包含A自己）對此進行投票，贊成票在半數以上就採納。
如果遭到否決，A就會被驅逐，之後由剩下的B、C、D、E以同樣方式繼續提案與投票。

- 5人共同投票。
- 贊成票≥半數就採納。

以上這2點非常重要，請務必確認清楚。

此外，題目強調「5人都擁有嚴謹的邏輯思維」，指的是**所有人都會理性預判「若此刻投下贊成票／反對票，未來會發生什麼狀**

況」，並依據判斷做出最佳選擇。

按照上述規則推想，假如A提出「每人分20枚」的分配方案，<u>除了A以外的4人肯定都會反對</u>。

因為他們知道，只要把A趕走，剩4人平均分配金幣的話，每人可拿25枚。

這麼推敲下去，腦子幾乎都要打結了⋯⋯

令人難以置信的答案

問題是「A該怎樣分配，才能讓自己拿到最多金幣」？
這一題的答案非常驚人，所以我先公布A能拿到的金幣數量。

<u>A能拿到98枚</u>。

「怎麼可能！」或許有人會這麼大喊。
A若拿98枚，剩下的2枚應該分給支持此方案的2人。
但他們真的會滿足於只拿到1枚金幣嗎？
究竟這種局面是如何成立，又該如何推導出這種分配方案？
現在讓我們深入探討。

若只剩「2人」，會發生什麼狀況？

如果直接就題目開始推敲「A提案後，B會這樣想，接著C會⋯⋯」狀況實在過於複雜，腦袋肯定會打結。
遇上這樣的題目，建議別以「現在」為起點，<u>應該改成以「未來」為起點</u>。

也就是說，先假設前面3人都已被驅逐，只剩D與E的情況。

在只有2人的情況下，D可以提案「100、0」讓自己得到全部的金幣。

當然E會反對，但規則是「贊成票在半數以上就採納」，也就是「贊成票≥半數就採納」。現在是2人投票，D投贊成，E投反對，形成「1比1」，符合「採納」的條件。所以D必然成功拿走100枚金幣。

換句話說，若局面只剩D與E，E必定空手而歸。
擁有嚴謹邏輯思維的D與E都十分清楚這一點。

若只剩「3人」，會發生什麼狀況？

再往前回溯一步，假設A和B遭驅逐，留下C、D、E的情況。
這個時候，精明的C會提出「99、0、1」的方案。

之所以一枚都不給D，是因為不管C如何分配，D都會堅決反對。

因為D知道只要把C趕走，接下來進入「2人局面」，他就可以獨得100枚金幣。所以，D不論如何都會反對C的提案。

另一方面，E也很清楚，只要進入D與E的「2人局面」，自己就拿不到任何金幣。即使只有1枚，也總比0枚好，因此E會選擇支持C的方案。

換句話說，C只需將1枚金幣分給E，就能拿到2票支持（C與E），超過半數，方案採納。
這就是C在3人情況下提出「99、0、1」的原因。

若只剩「4人」，會發生什麼狀況？

再往前回溯，只有A被驅逐，場上剩下B、C、D、E共4人。
這時候，具備邏輯思維的B會提出「99、0、1、0」的分配方案。

為什麼只分1枚金幣給D呢？
回顧前面的狀況，當只剩下C、D、E這3人時，D將拿不到任何金幣。
換句話說，D深知如果現在把B趕走，接下來的3人局面裡自己必定是0枚。因此**哪怕是1枚也好，D會支持B的提案**。

於是，B將1枚金幣分給D，B與D就湊成多數，方案獲得採納。
由此推知當局面為4人時，B會提出「99、0、1、0」的方案。

如果「5人」都在呢？

終於來到題目所描述的狀況。
根據以上推演，A只要把金幣分給「若A被驅逐後就分不到任何金幣」的2人，便能確保他們贊成自己的方案。

一旦A被驅逐，在B、C、D、E的4人局面裡，可知C與E都拿不到金幣。
由此可得A的最佳方案為：
「98、0、1、0、1」

這樣一來，C與E都能拿到1枚金幣，贊成票就可以過半，讓方案獲得採納。

> **答案** ｜ 提出「A、B、C、D、E」分別拿「98、0、1、0、1」的方案，A即可拿到98枚金幣

總結 這一題的解法，跟前一題「討厭人群的酒吧」類似，先確定理想結果，再往前回溯。靠著這樣的做法，減少參與人數，問題也就能夠大幅簡化。這種題目雖然乍看之下不知從何下手，但只要從簡化模式開始推算，就能推導出符合邏輯的答案，解起來是不是很有趣？

需要注意的是，以上推論都是建立在「所有人皆極度理性」的前提下。如果這個前提不成立，會發生什麼樣的狀況？例如C或E是不理性的人，他們很可能會不滿足於只拿到1枚金幣，甚至是勃然大怒，堅決反對A的方案。他們多半沒有料到，一旦驅逐了A，自己將1枚金幣也拿不到。可見得「站在他人的立場預判未來」的多元思考能力是多麼重要。

POINT

- 以理想的結果為起點，往前回推「要讓大家怎麼想，才能變成這個局面」，就能找到實現目標的策略。

讓自己成為「最後贏家」的長期策略

難易度 ★★★☆

多元思考
———
7

當我們把視角從「現在」抽離,進入多元思考模式,就會更加**懂得制定長期戰略**。接下來的問題,你能否找到成為「最後贏家」的策略?

薪水投票

某個國家發生革命,
包含國王在內的全體國民共66人,薪水都變成了1元。

然而國王擁有提出薪水重新分配方案的權力。
方案會交由全體國民進行投票,
只要贊成多於反對,就會付諸執行。
所有投票者的立場都一樣,
自己的薪水增多就會投「贊成」,
自己的薪水減少就會投「反對」,
若薪水不變則會投「棄權」。

現在開始進行投票!

但國王自己沒有投票權。
請問,國王最多能拿到多少薪水?

對了,能分配的薪資總額只有66元。

解說 雖然國王握有重新分配薪水的提案權，但表面上看來，似乎無法讓自己拿到太高的薪水。畢竟要讓方案通過，就必須讓過半數國民的薪水比現在「更高」才行。此外，國王自己沒有投票權，所以需要超過33人贊成才行。

然而只要能想通一件事，就能徹底扭轉國王的劣勢，讓這場投票變成國民的惡夢……

提示1　「薪水既不增也不減的人將選擇棄權」是最大關鍵。
提示2　「薪水增加的人比減少的人多」，方案就能通過。
提示3　提案與投票並沒有次數限制。

無法提高自己薪水的國王

開始的時候，局勢對國王來說相當嚴峻。

由於初期狀態每個人都領1元，要拿到過半數贊成票，也就是要獲得33人支持，就得把這33人的薪水「至少提高到2元」才行。但若33人的薪水都變成2元，薪資總額66元就會剛好用光。

而且國王若想把自己歸在「薪水變多」的一方，就只能讓32人跟自己一起加薪至2元，另外33人降至0元。由於國王沒有投票權，如此一來，投票結果就會變成：

> 32人＋國王加薪（1元→2元）→贊成32票
> 33人減薪（1元→0元）→反對33票

「贊成32：反對33」，方案會被否決。
因此，在初期狀態下，國王若想讓自己的提案通過，<u>就得把自己歸入「減薪的那一邊」</u>。

也就是提出這樣的方案：

> 33人：加薪（1元→2元）→贊成33票
> 32人＋國王：減薪（1元→0元）→反對32票

國王想到的「壞主意」

然而，接下來才是重頭戲。
一旦第1輪分配案通過後，那32名薪水變成0元的人，今後若沒得到加薪，所有投票都會直接棄權。
換句話說，只要不幫他們加薪，就可以直接當他們不存在。

例如接下來，國王可以提出這樣的方案：

> 17人：加薪（2元→3元）→贊成17票
> 16人：減薪（2元→0元）→反對16票
> 32人：維持（0元→0元）→棄權32票
> 國王：加薪（0元→15元）→無投票權

第1次提案中薪水上升的33人，現在國王把其中17人的薪水各再多加1元，卻把剩下的16人降為0元。
而第1次提案降為0元的32人，此時依然維持在0元。國王將省下的15元全轉移給自己。
那16個薪水被降為0元的人，當然會反對提案，但那17個加薪者會贊成。
如此一來，就形成「贊成17：反對16：棄權32」，提案通過，國王加薪15元。

簡單來說，就是先擴大棄權者的人數，再推出對自己有利的分配方案。

這就是國王想到的「壞主意」。

最終只有國王得利的策略

前述的狀況，國王是在第2次提案時就「提高自己薪水」。
如果能想辦法先讓更多人變成「棄權狀態」，然後再施展這一招，國王就能賺得更多。

現在我們來試看看，如果持續運用這手法，盡可能增加「棄權者」人數，最終會發生什麼狀況。

做法很簡單，只要每次都提出「讓剩餘投票者過半數加薪」的方案就行了。

- 第1次提案

33人：加薪（1元→2元）→贊成33票

32人＋國王：減薪（1元→0元）→反對32票

- 第2次提案

17人：加薪（2元→4元或3元）→贊成17票

16人：減薪（2元→0元）→反對16票

32人＋國王：維持（0元→0元）→棄權32票

- 第3次提案

9人：加薪（4元或3元→7元或6元）→贊成9票

8人：減薪（4元或3元→0元）→反對8票

48人＋國王：維持（0元→0元）→棄權48票

- 第4次提案

5人：加薪（7元或6元→13元或12元）→贊成5票

4人：減薪（7元或6元→0元）→反對4票

56人＋國王：維持（0元→0元）→棄權56票

- 第5次提案

3人：加薪（13元或12元→22元）→贊成3票

2人：減薪（13元或12元→0元）→反對2票

60人＋國王：維持（0元→0元）→棄權60票

- 第6次提案

2人：加薪（22元→32元）→贊成2票

1人：減薪（22元→0元）→反對1票

62人＋國王：維持（0元→0元）→棄權62票

提案到第6次，已成功把有投票權的人數壓到僅剩2人。

惡魔般的惡毒手段

最後一次提案，國王只要提出一個讓自己大幅加薪的方案即可。但只剩2人有投票權，就算給他們其中1人加薪，票數也不足以過半。

因此，國王應該從先前已被降至0元的人之中隨機挑選3人，讓他們的薪水從0元調漲到1元。

如此一來，局面就會變成下一頁的情況：

- 第7次提案
  3人：加薪（0元→1元）→贊成3票
  2人：減薪（33元→0元）→反對2票
  60人：維持（0元→0元）→棄權60票
  國王：加薪（0元→63元）

贊成3：反對2：棄權60，提案通過，國王順利獲得63元薪水。

答案　　　　　　63元

總結 在前6次投票裡，國王都甘願讓自己薪水維持在0元。直到最後一刻，才露出邪惡本性。手法雖然極其殘酷，卻十分高明。那些因為持續獲得加薪而支持國王的人，到了最後都慘遭無情拋棄。雖然有些可憐。卻也給了我們上了寶貴的一課：若只重視自身利益，罔顧他人福祉，最終可能會遭到背叛。

這個題目是由瑞典林雪坪大學（Linköping University）一位名叫約翰‧威斯特隆德（Johan Wästlund）的教授所設計，據說與過去在瑞典實際發生過的事件有些關聯。或許他設計這個問題的用意，是想提醒大家，短視近利的結果往往會吃大虧。

POINT

- 只要能夠避免拘泥於思考的主軸與時間，就有可能構思出「贏在終點」的長遠策略。

預先設想「假如」的「假如」

多元思考 8

難易度 ★★★★☆

就算學會站在他人的立場,也不見得一定能看到真實情況。面對充滿不確定性的訊息,只能將推論建立在假設的基礎上……**接下來的題目會越來越複雜,要有心理準備。**

8枚郵票

這裡有8枚郵票,其中4枚是紅色,另外4枚是藍色。
讓A、B、C共3人先看過這8枚郵票後,
隨機在3人額頭上各貼2枚,其餘2枚放在盒子裡。
3人看不見自己額頭上的郵票顏色,
但能看到其他2人的郵票顏色。

依序問3人是否知道自己郵票的顏色,結果如下:
A:「不知道。」B:「不知道。」C:「不知道。」
A:「不知道。」B:「知道了!」

請問,B額頭上的2枚郵票是什麼顏色?

> **解說**「既然大家都說不知道,那就放過他們吧。」我相信這一題讓很多人想要像這樣放棄求生意志。雖然和「樓梯上的帽子」有幾分相似,能夠將每個人的發言當作線索,似乎並不是完全無理可推,但發言的內容卻使情況變得更為複雜。一大堆「不知道」,我承認我自己也覺得很複雜,但每個人的發言都有著很深的含意。事實上這也是本題最有趣的地方,請你一定要挑戰看看。

先將大量的訊息「化繁為簡」

這題乍看之下似乎相當困難,但每個人額頭上的2張郵票只可能出現以下3種組合:「紅紅」、「紅藍」、「藍藍」。
這3種組合,又可分為「2枚同色」與「2枚不同色」兩種模式。
跟「50%的帽子」的抽象化概念有點類似。

此外,雖然從題目看來,似乎沒辦法判斷自己額頭上的郵票顏色,但其實有種情況能讓人瞬間知道答案。
那就是看到「另外2人的4張郵票全是同一色」的時候。

舉個例子,A若看到B是「紅紅」,C也是「紅紅」,立刻就能推斷自己一定是「藍藍」。
因為同色郵票只有4枚,既然其他2人合計4枚郵票全是同色,可見得自己的郵票顏色一定是另一色。

> - 每個人的2枚郵票只能是「同色」或「不同色」。
> - 如果看見其他2人合計4枚郵票全是同色,就可立刻知道自己的郵票顏色。

以上兩點就是所有推論的起點。

現在就讓我們依序推敲3人的發言。

第1輪全都是「不知道」

雖然幾乎所有回答都是「不知道」,但「不知道」的原因本身也能提供一些線索。我們先看A的發言。

A:「不知道。」
A猜不出自己的郵票顏色。
由於A若看見B、C合計4枚郵票都同色,就能瞬間知道自己的顏色,所以A說「不知道」,表示B、C的4枚郵票並非都是同色。

B:「不知道。」
這個回答也是同樣的道理。
代表A、C的4枚郵票也「不是全部同色」。

C:「不知道。」
這句也一樣。
所以A、B的4枚郵票也「不是全部同色」。從第1輪的回答,可以得到結論「沒有任意2人各自額頭上的2枚郵票都是同色」。

「互相推敲對方思考」的第2輪

接下來的第2輪是關鍵。

A:「不知道。」
在聽到B、C都說「不知道」後,A仍無法判斷自己的郵票顏色。
A的內心肯定對B和C的想法做了一番推敲。

讓我們來試著想像他的想法。

不過在這個階段，幾乎沒有什麼可靠的線索。我們只能以假設的方式推理下去。所以我們先假設A所看見的B郵票是「紅紅」（也就是同色）。來看看A在第2輪時的思考過程。

> 假設①：B是（紅、紅）

接下來內容會變得**相當複雜，請耐心閱讀**。

> A：「B是（紅、紅）。」
> A：「既然如此，我不可能是（紅、紅）。如果我也是（紅、紅），那麼，C在第1輪時就能判斷自己一定是（藍、藍）。」
> A：「所以我必定是（藍、藍）或（紅、藍）。」

若假設B是（紅、紅），A就能推斷自己不是（紅、紅），而是（藍、藍）或（紅、藍）。

接著，A會再進一步進行第二層假設。

> 假設①：B是（紅、紅）
> 假設②：A是（藍、藍）←新增假設

在這種情況下，第1輪C看見A和B分別是（藍、藍）與（紅、紅）時，會如何思考？**以下是A想像的C思路。**

> C：「A是（藍、藍），B是（紅、紅）。」
> C：「但A既然沒有在第1輪答出，表示我自己不可能是（紅、紅）。而且B也沒有答出，那表示我也不可能是（藍、藍）。既然如此，我只可能是（紅、藍）。」

所以若B真的是（紅、紅），那麼，A就能確信「倘若我是（藍、藍），C在第1輪就能判斷自己是（紅、藍）」。

A在推敲C的想法之後的結論

> A：「若B是（紅、紅），那麼，我不管是（紅、紅）或（藍、藍），C都能在第1輪知道自己是什麼顏色。」
> A：「既然C沒能答出，我肯定既不是（紅、紅），也不是（藍、藍）。結論就是，我應該是（紅、藍）。」

這是當B是（紅、紅）這個假設成立時，A於第1輪結束後得出的推理結果。如果以上成立，在第2輪回答時，A應該能推斷自己是（紅、藍）。

……但是請回想一下，A在第2輪的回答是什麼？

A在第2輪時仍然說「不知道」。若B真是（紅、紅），A應該已經能判斷自己是（紅、藍），然而，事實卻是A沒有說出答案。
這顯示「B是（紅、紅）」的假設不成立。

推敲「推敲了C的想法的A的想法的B的結論」

我們從3人的回答，可以推理出這個結論。
所以3人也能做出相同的推斷。
因此，當B在第2輪聽到A再次答「不知道」後，他也能作出如同前述的「假設與驗證」。
也就是B可以推敲「推敲了C的想法的A的想法」。

當第2輪A的回答結束時，B心裡應該是這麼想的：

> B:「如果我是（紅、紅），那麼，A一定會想到：『假設我是（紅、紅）或（藍、藍），那C就能在第1輪說出答案。』」
> B:「但C並沒有說出答案，所以A應該能推斷自己是（紅、藍）。」
> B:「可是A在第2輪還是沒有說出答案。」
> B:「這代表『如果我（B）是（紅、紅）』的假設是錯的。若假設我是（藍、藍），同樣也會出現矛盾。」
> B:「所以我一定是（紅、藍）！」

於是B便能斷定「我的郵票是（紅、藍）」並，說出答案。

答案　　B的郵票是「紅」、「藍」

總結「假設我是～時，那麼，某人就會假設～，然後得出～的結論」……這種「雙重假設」的推理，正是本題的解題關鍵。我很喜歡這種名副其實的「心理戰」。B預判了預判了C的預判的A預判……這簡直就是漫畫裡頭才會有的劇情。

對了，這一題還很適合當作「安眠藥」。因為題目簡單易記，只要在睡覺前嘗試解題，我通常都會卡在第2輪的A的發言，大腦因為過度繁雜而放棄求生意志，讓我瞬間進入夢鄉，推薦給失眠的朋友試試。

POINT

- 「如果是這樣，那個人一定會那樣想。如此一來，另一人又會這麼想……」像這樣推敲他人心中推敲的想法，有時能幫助我們發現原本看不見的真相。

看穿言語背後的真正意圖

多元思考

9

難易度 ★★★☆

接下來的題目，「預判他人的預判」會變得更加複雜。本題同樣會出現「不知道」這個答案，這次你能否看出**這句話代表的意義**？

查理的生日

A、B、C共3人問查理：
「你的生日是什麼時候？」
查理說自己的生日是下方這些日期的其中之一。

1999年4月14日	2000年2月19日	2000年3月14日
2000年3月15日	2000年4月15日	2000年4月16日
2001年2月15日	2001年3月15日	2001年4月14日
2001年4月16日	2001年5月14日	2001年5月16日
	2001年5月17日	2002年2月17日

接下來，查理告訴A正確的月份、告訴B正確的日期、告訴C正確的年份。A、B、C彼此也都知道查理這麼做。

A：「我不知道答案，B應該也不知道。」
B：「我確實不知道。C應該也不知道。」
C：「嗯，我不知道。我想A現在應該還是不知道。」
B：「啊，我知道了。」
A：「現在大家都知道了。」

請問，查理的生日是幾年幾月幾日？

第5章　多元思考

解説 你聽過「雪莉兒的生日」（Cheryl's birthday）嗎？這是一道在2015年爆紅的數學題，雖然預設的解題年齡是14～15歲的青少年，但難度非常高。本題「查理的生日」，則是「雪莉兒的生日」的進階版，出題者是匯聚了全美國頂尖人才的美國國家安全局。題目的設定相當簡單，卻需要洞悉每個角色的想法邏輯才能解出答案。

知道「B不知道」的A

這一題的推導方式非常單純。
推敲3人的對話內容，逐步排除「14個可能日期」中的錯誤選項，最後找出真正的答案。
問題在於每個人說的話幾乎都是「不知道」。
所以，我們只能從「不知道」這句話中挖掘線索。

接下來，我們一句句推敲，分析每個人的回答透露了什麼訊息。

A：「我不知道答案，B應該也不知道。」
14個候選日期中，19日僅出現1次。若答案包含了「19日」，那麼，B在聽到日期的瞬間，就能立刻判斷答案就是「2000年2月19日」。

然而A卻斷言「B應該也不知道」。
代表A很清楚「只靠日期無法立刻推斷年月日」。
這意味著A知道「2000年2月19日」並不是答案。
由於A知道的只有「月份」……
顯然正確的月份肯定不是「2月」。

既然2月不是正確的月份,我們可以把候補生日中包含「2月」的3個選項剔除。

B說的「我不知道」所透露的線索

目前的候選選項:
1999年4月14日　　~~2000年2月13日~~　　2000年3月14日
2000年3月15日　　2000年4月15日　　2000年4月16日
~~2001年2月15日~~　　2001年3月15日　　2001年4月14日
2001年4月16日　　2001年5月14日　　2001年5月16日
2001年5月17日　　~~2002年2月17日~~

接著我們來分析B的發言。

B:「我確實不知道。C應該也不知道。」

平凡無奇的一句,卻是本題的最大難關。
在推敲B針對C的發言之前,我們必須先提一個大家可能都會疏忽的重點。
那就是所說的「我確實不知道」這句話。

當B聽到A說出「B應該也不知道」的時候,B應該就能推測出「2月」不可能是答案。即使如此,B依然不知道正確的答案。
所以B才會回答「我確實不知道」,而不是「現在我知道了」。
這一點意味著排除所有「2月」的選項後,任何「光靠日期就能確定答案」的選項,都不會是答案。

目前剩下的選項之中,17日僅出現1次。如果答案是「17日」,那麼,B在聽完A說的「B應該也不知道」後,就能確定答案。然

而，B的回答卻是「我確實不知道」，所以我們也能把「2001年5月17日」排除了。

知道「C不知道」的B

目前的候選選項：
1999年4月14日　　~~2000年2月19日~~　　2000年3月14日
2000年3月15日　　2000年4月15日　　2000年4月16日
~~2001年2月15日~~　　2001年3月15日　　2001年4月14日
2001年4月16日　　2001年5月14日　　2001年5月16日
~~2001年5月17日~~　　~~2002年2月17日~~

現在讓我們繼續來分析B說的話。

B：「我確實不知道。C應該也不知道。」
B知道「C不知道」。
這個情況，其實就與先前A的狀況相同。
C知道的是「年份」。選項當中，某個年份只出現1次。如果那個年份是正確的，C應該能瞬間確定答案。
那個唯一的年份是「1999年」。
所以，如果答案是「1999年4月14日」，C應該會立刻說出答案。

但是C不知道，而且B果斷表示「C應該也不知道」。
這代表B很確定「只憑年份無法確定答案」。
由於B知道的是「日期」，很顯然他知道「14日」並不是答案。

既然14日不是答案，

那我們可以把包含「14日」的所有選項都排除。

知道「A不知道」的C

目前的候選選項：

~~1999年4月14日~~　　~~2000年2月19日~~　　~~2000年3月14日~~
2000年3月15日　　2000年4月15日　　2000年4月16日
~~2001年2月15日~~　　2001年3月15日　　~~2001年4月14日~~
2001年4月16日　　~~2001年5月14日~~　　2001年5月16日
~~2001年5月17日~~　　~~2002年2月17日~~

接著我們看C的發言。

C：「嗯,我不知道。我想A現在應該還是不知道。」

目前,靠著A、B的發言,可能的選項已經縮小到剩下6個。
但是C還是說「我不知道」,這代表從年份來看,還是無法確定答案。

接著C又說「我想A現在應該還是不知道」。
這就代表了C知道「雖然A知道正確的月份,但A還是無法確定答案」。
假如正確的月份是「5月」,A此刻應該可以確定答案。
但C能斷言A不知道,代表C知道「2001年5月16日」不可能是答案。照理來說,C只知道正確的年份,所以**顯然「2001年」不是答案**。

現在我們把所有「2001年」的選項都排除。

目前的候選選項：

~~1999年4月14日~~　　~~2000年2月19日~~　　~~2000年3月14日~~
2000年3月15日　　2000年4月15日　　2000年4月16日
~~2001年2月15日~~　　~~2001年3月15日~~　　~~2001年4月14日~~
~~2001年4月16日~~　　~~2001年5月14日~~　　~~2001年5月16日~~
~~2001年5月17日~~　　~~2002年2月17日~~

到了這裡，接下來就簡單了。
接下來我們看B的發言。
B：「啊，我知道了。」

目前只剩3個選項。知道正確「日期」的B，可以根據日期判斷答案是哪一個。
這代表答案的「日期」在3個選項中是獨一無二的……那便是「16日」。所以查理的生日是「2000年4月16日」。

答案　｜　2000年4月16日

總結　在掌握核心邏輯後，只要重複相同的推論即可。這一題雖然難度頗高，推導方式其實並不複雜。最大的瓶頸就在於一開始A所說的那句「B應該也不知道」。理解「A為什麼能確定B不知道」的邏輯，就是解題的關鍵。當掌握了「從『不知道』推導出更多訊息」的觀念，就會感覺本題倒也沒那麼困難。

POINT

- 別只看發言的字面意思，還要注意發言背後的含意與說話者的思路，才能發掘出更多的線索。

預判數個階段之後的他人思路

難易度 ★★★★★

多元思考
———
10

終於來到本章難易度等級5的題目。老實說從這裡開始，**困難度幾乎上升到另一個次元**。請用力轉動你的腦袋，努力緊跟上來吧。

龍之島

你來到一座住著100條藍眼龍的島嶼。
這座島上有一條神奇規則：
「若某條龍得知自己的眼睛是藍色，
必須在得知的當天深夜離開龍之島。」
島上沒有鏡子，龍們也被禁止交談。
換句話說，牠們一直不知道自己的眼睛顏色是什麼；
但牠們都清楚，其他龍的眼睛是藍色。
離開龍之島前，你向所有龍宣告：
「在你們之中，至少有1條是藍眼龍。」

（至少有1條是藍眼龍！）

請問，接下來會發生什麼事？

對了，有兩點必須注意。
1. 龍擁有極為嚴謹的邏輯思維。
2. 每天早晨，所有龍都會在廣場集合。

> **解說** 呃……？這是什麼奇怪的問題？這些龍早就知道「除了自己以外，所有龍的眼睛都是藍色」。就算你告訴牠們「至少有1條是藍眼龍」，能造成什麼改變？每條龍心裡應該都會這麼想：「不用你說，我看也知道。」既然如此，你的宣告不就毫無意義？然而請注意一點，那就是「所有的龍都不知道自己的眼睛顏色」。
> 還有，本題又出現了「極為嚴謹的邏輯思維」這個熟悉的設定。這代表著所有的龍都能夠「運用邏輯思維預測未來發展」。因此要解開本題，同樣需要「預判」的能力。問題是100條龍……數量未免太多了一點？

> **提示1** 先從「簡化」的情況開始設想。
> **提示2** 假如島上只有「2條龍」，會發生什麼事？

假如島上只有「1條龍」，會發生什麼事？

回想「瓜分金幣」（P.279）那題的解法。當遇到單位數量或訊息太多時，基本的原則就是先「化繁為簡」。

以這一題來看，解題的最大阻礙顯然是「100條龍」這個數字。因此，我們先將題目大幅簡化成「1條龍」，來思考看看會是什麼情況。

如果島上只有1條藍眼龍，那麼，問題就很簡單。
這條龍立刻就會明白「藍眼龍就是我自己」，於是牠在第1天夜裡就會離島。

假如島上有「2條龍」，會發生什麼事？

假設島上就只剩「龍A」和「龍B」，情況又會如何？

2條龍彼此都知道對方有藍色眼睛,如今牠們又得知「至少有1條龍是藍眼龍」。第1天,龍A會這樣想:

> 「如果我的眼睛不是藍色,那麼龍B馬上就會發現自己是藍眼龍。」
> 「這麼一來,龍B會在今天晚上離島。」

龍B的想法也相同。

然而,到了第2天早晨,龍A與龍B再度在廣場相遇。
雙方都對「對方昨晚並沒有離開」感到意外。
於是龍A會這麼推論:

> 「如果我不是藍眼龍,那麼,龍B昨晚就應該離島。」
> 「但牠並沒有這麼做。」
> 「所以我的假設是錯的,我自己也是藍眼龍。」

龍B也會作出相同推論。
因此在第2天的夜晚,龍A與龍B都會離島。

假如島上有「3條龍」,會發生什麼事?

現在我們再把數量擴增到「龍A、龍B、龍C」共3條龍。
從這裡開始,情況會變得複雜一些。

每條龍都知道其餘2條龍擁有藍眼睛。

此時你告訴牠們「至少有1條是藍眼龍」。
第1天,龍A會這麼想:

> 「如果我的眼睛不是藍的,那麼,島上就只有 B 與 C 是藍眼龍。」
> 「B 和 C 或許剛開始都以為『對方是唯一的藍眼龍』,
> 　但當他們發現第 1 天晚上對方沒離開,就會知道『其實自己也是
> 　藍眼龍』。」
> 「所以在第 2 天晚上,B 和 C 應該會同時離島。」

龍 B、龍 C 也會作出相同推論。

所以在第 2 天早晨,3 條龍再次相遇,彼此並不感到驚訝。
然而因為每條龍都認為「只有自己不是藍眼」,所以第 2 天晚上
又沒有龍離島。接著,來到第 3 天早晨,3 條龍依舊全員到齊。
此時龍 A 作出了結論:

> 「如果我不是藍眼龍,那麼,B 與 C 互相得知對方第 1 天晚上並沒有
> 　離島,照理來說在第 2 天夜晚 2 條龍都該離島。」
> 「但是牠們並沒有離島。」
> 「可見得『我不是藍眼龍』這個假設是錯的。」
> 「我其實是藍眼龍。」

龍 B 和龍 C 的結論也完全相同。
因此第 3 天夜裡,「龍 A、龍 B、龍 C」3 條龍會同時離島。

假如島上有「100 條龍」呢?

島上有 4 條龍,也可以同理推證。
前 3 天沒有任何動靜。
直到第 4 天早上,4 條龍發現 4 條龍都還在島上,於是醒悟「自己
也有藍眼睛」。當天夜晚,4 條龍同時離島。

綜合上述例子,可得出以下規律:
「島上有n條藍眼龍,所有的龍會在第n天晚上同時離島。」

也就是說,當有100條龍在島上時,前99天大家都不會知道自己是藍眼龍。但來到第100天早上,所有的龍看到所有的龍都還在,就會明白「包含我在內的100條龍都是藍眼龍」。
於是第100天夜晚,所有的龍會一起離島。

> **答案** ｜ **100條龍會在第100天晚上同時離島**

總結 這個結果是不是相當讓人意外?必須經過多重假設,才能預判100天後的狀況。將大量的不同立場層層重疊,充分運用了「多元思考」的精髓。當然現實中我們不可能預期每個參與者都做到如此超凡入聖的推理,但本題的主角是充滿智慧的「龍」,就當牠們的能力遠遠在人類之上吧。

本題的解題技巧在於先將「100條龍」簡化為極少數,如1條、2條、3條……透過少數案例求出規律,再套用到100條的例子上。面對複雜或大範圍的局面,也是同樣的道理。必須學會保持理性分析,不被雜亂無章的表象迷惑。

POINT
- 當必須預判遙遠未來的狀況時,建議先以「小規模」的案例作為推論的起點。
- 只要掌握「共通的規律」,無論規模多大都能推斷出結局。

Column 5　阿比林悖論

我想說一個關於「群體現象」的有趣案例。在一個炎熱的8月天，美國德州某個小鎮上的某戶人家，正在享受著天倫之樂。就在這時，其中一人提議開車去離家53英里遠的阿比林兜兜風。其實全家沒有一個人想去，但每個家人都以為「其他家人都想去」，所以沒有反對。

結果光是開車往返，就花了4個小時。沿路上又熱沙塵又多，一點也不好玩。回到家後，其中一人忍不住說了實話：「好像沒有很好玩。」接著家人紛紛抱怨「我也不想去啊」、「我以為大家都想去」⋯⋯最後才發現連提議去的人也不是真心想去。

這是美國喬治・華盛頓大學名譽教授傑瑞・哈維（Jerry B. Harvey）的親身經歷。他指出，當一個群體缺乏順暢的溝通模式，成員雖各自覺得「自己的想法跟大家不一樣」，卻沒有表達反對意見，整個群體很可能會走向錯誤的結論。哈維依據自己的親身經驗，將這類情況稱為「阿比林悖論」（Abilene Paradox）。

在公司會議上，也常會發生「沒人覺得好，但最終仍通過了提案」的現象。好在我們不像那些不交流的龍，我們只要充分溝通，就不會被一個抽象的「集體意志」牽著鼻子走。保持理性判斷，避免這類群體迷思，也是邏輯思考的重要課題。

打破無理可推的困境

多元思考 11

難易度 ★★★★

前面的問題，我們挑戰了藉由看穿規律，預測遙遠的未來。接下來，我們將挑戰**找出「不可能」的狀況所隱含的規律**。這一題的難度相當高。

不可能解答的數字解謎

A與B正在進行一場遊戲。
他們各自記住「相連的2個數字（正整數）」中的1個數字，
但並不知道對方的數字。
彼此無法進行任何溝通。
遊戲開始之後，每過1分鐘就會響1次鐘。
當鐘聲響起時，兩人可以選擇「推測並宣告對方的數字」
或「保持沈默繼續等待」。

只要其中一方成功宣告「對方的數字」，遊戲便結束。
宣告只能進行一次，如果猜錯就立刻判定為輸家。
在這個遊戲裡，某一方擁有「必勝的策略」。

**請問這個策略屬於在數字較大的一方，
還是數字較小的一方？**

對了，2人都具備完美的邏輯思考能力。

解說 ……這是什麼題目啊？怎麼可能知道答案？連怎麼贏都不知道，要怎麼找出必勝的策略？不管怎麼想，A與B似乎都只能以50％的機率碰碰運氣。

2人都具備完美的邏輯思考能力，這個條件大家應該都很熟悉了。而且還特別強調「完美」，可見得要讓本題的邏輯成立，2人都必須具備相當高層次的邏輯推理能力。

順帶一提，這個問題的原題目名稱是 The Seemingly Impossible Guess The Number Logic Puzzle，意思就是「乍看之下不可能的數字邏輯猜謎」。像這樣的題目，真的很適合放在本章的尾聲。想要瞭解具備完美邏輯思維的2人會如何思考，建議可以按部就班地一步步推演。

提示1 第1次鐘聲響起時，就能分出勝負的情況確實存在。
提示2 建議以「數字較大的一方」與「數字較小的一方」來思考。

除了賭運氣，難道還有其他辦法？

或許有些讀者一時之間還無法掌握題目的意思。
所以我先整理一下已知訊息。

他們各自記住「相連的2個數字（正整數）」中的1個數字，但並不知道對方的數字。
只要其中一方成功宣告「對方的數字」，遊戲便結束。
宣告只能進行一次，如果猜錯就立刻判定為輸家。

這兩句代表什麼意思呢？舉個例子，如果A的數字是20，B的數字是21，雙方要各自猜出對方的數字。兩人只知道對方的數字可能是「自己的數字減1」或「自己的數字加1」。

換句話說：

> A只知道「B的數字可能是19或21」。
> B只知道「A的數字可能是20或22」。

而且只要猜錯一次，就會成為輸家。
……這種規則，怎麼可能有什麼「必勝的策略」？

瞬間分出勝負的「唯一狀況」

先別那麼快放棄。
有一種情況，可以確定「必勝」。
也就是能夠直接斷定對方的數字。
請注意題目中的這句話：
相連的2個數字（正整數）

有個數字，並非左右兩邊都有正整數。
那就是「1」。

如果A得到的數字是「1」，由於「0」並非正整數，因此，A能瞬間判斷B的數字必定是「2」。
假如是這種情況，A能在遊戲開始1分鐘後的鐘聲響起時，立刻宣告B的數字是「2」，並贏得勝利。

先嘗試「化繁為簡」

若其中一方拿到的數字是「1」，那就能保證「必勝」。
「那不是理所當然的事嗎？這和答案有什麼關係？」或許你心裡

會這麼想。不過，先別急著下定論。這其實是我們在前面已經用過很多次的「簡化」思考。**畢竟可能的數字無窮無盡，我們得逐一檢驗。**

我們在前面已經確認了2人的數字是「1」及「2」的狀況。
接下來我們推敲 **2人的數字是「2」及「3」的狀況。**
假設A拿到「2」，B拿到「3」。
此時，A心中一定會想：「B的數字是1還是3呢？」
如果立刻宣告，正確率只有50%，所以A在第1次鐘聲響起時會選擇保持沈默。

如果B拿到的是「1」，就如同我們前面所說的，B會在第1次鐘聲響起時宣告A的數字是「2」。
但事實上B拿到的是「3」，所以B在第1次鐘聲時也會選擇保持沈默。
A看到B在第1次鐘聲沒有宣告，便會推想：

> 「如果B的數字是1，就能立刻確定我是2，他應該會在第1次鐘聲時宣告。」
> 「但是他沒有宣告，遊戲繼續進行。」
> 「由此可知，B的數字不是1。」

於是A就能在第2次鐘聲響起時，成功宣告「B的數字是3」。

從「簡單」逐漸趨向「複雜」

> 當2人的數字是「2」和「3」時，拿到「2」的那一方在第2次鐘聲響起時，就能宣告「對方的數字是3」。

到這裡,是不是隱約可以看出某種規律了?

接下來,我們思考2人的數字是「3」和「4」的情況。
假設A是「3」,B是「4」。
這時A會煩惱:「B的數字是2還是4?」
接著A會如此推想:

> 「如果B的數字是2,那麼,B就會煩惱我(A)的數字是1還是3。」
> 「只要我在第1次鐘聲沒有宣告,B就能確定我的數字不是1,而是3。」
> 「所以B會在第2次鐘聲時進行宣告。」

A因為無法確定B的數字,所以在第1次鐘聲和第2次鐘聲都保持沈默。

另一方面,實際上B的數字是「4」,因此B也無法確定A的數字,在第1次鐘聲和第2次鐘聲都保持沈默。

A看到B在第2次鐘聲依然沒有宣告,便會如此推想:

> 「如果B的數字是2,只要我在第1次鐘聲沈默,B就能確定我的數字。」
> 「但是B在第2次鐘聲也沒有宣告。」
> 「由此可知,B的數字並不是2。」

想通這點的A,在第3次鐘聲響起時便能宣告「B的數字是4」。

看穿「規律」並加以普遍化

> 當2人的數字是「3」和「4」時,拿到「3」的那一方,在第3次鐘聲響起時,就能宣告「對方的數字是4」。

經過上述推論之後,我們逐漸看出了這道題目的本質。

> 當2人的數字是「n」和「n+1」時,拿到較小數字「n」的那個人,只要在「n-1」次鐘聲響起時仍未見對方宣告,就能推測對方的數字是「n+1」。
> 因此,在第n次鐘聲時,便可宣告對方的數字是「n+1」。

這就是本題的規律。
當然前提是對方和自己一樣,能作出嚴謹的邏輯推理判斷。而題目已經說了,「2人都具備完美的邏輯思考能力」。
所以拿到較小數字的一方只要採用這個策略,就能勝券在握。
相較之下,**拿到較大數字的一方,反而沒有任何必勝的辦法**。

答案 | 只有數字較小的一方,擁有必勝的策略

總結 一開始的數字,已經決定了勝負。人生有時實在相當殘酷(不過本題的前提是對方也跟自己一樣能夠進行邏輯判斷,所以現實中遇到這個情況,要用這個方法宣告對方的數字,恐怕需要相當大的勇氣……)。
另外,題目裡突然出現「鐘聲」這個要素,剛開始可能也讓許多人

感到困惑。這個要素看似對解答沒有任何幫助，甚至不知道有何存在意義。但理解了解題概念後，現在我們終於明白為什麼要有「鐘聲」了。設定「鐘聲」的目的，是為了固定「宣告的時機」，才能將可能性一一排除，得以推測出對方的數字。

本題的整體思考模式，其實和「龍之島」有些相似，只是本題幾乎沒有任何線索，的確會讓人陷入「這怎麼可能」的思考瓶頸。當必須和對手進行無止境的推敲與預判時，先從「極端的情況」下手是基本原則。先從中找出規律，再以此套用到各種情況進行驗證。這種「通用於所有情況的規律」，或許正是人們所謂的「邏輯」。

POINT

- 當完全找不到頭緒，幾乎只能仰賴運氣時，也應該要從「極端的情況」著手，利用從中看穿的「規律」來推導出真相。

多元思考 12

在複雜的「互相預判」中脫穎而出

難易度 ★★★★★ + ★★

終於來到多元思考的最後一道題目。請不要被可愛的題目及看似簡單的內容所迷惑，**務必發揮最大的邏輯思考能力**。

1000片餅乾

桌上有1000片餅乾，A、B、C共3人，從A開始輪流拿取。每次必須拿取1片以上的餅乾，直到餅乾拿完為止。

3人都具備以下本能：

①每個人都想盡可能多拿餅乾，但不想拿『最多片數』、『最少片數』或『和他人相同的片數』。

②當無法達成①的條件時，就會不擇手段地盡可能多拿餅乾。

3人都具備嚴謹的邏輯思維，雖然不能互相討論，但能知道其他人拿了多少片。

A若想獲勝，該拿幾片餅乾？
而在那種情況下，B與C分別會拿到多少片？

解說 這道題目的重點，在於大家都想成為「3人之中拿餅乾數量第2多的人」。可千萬別因為題目的情境設定很可愛就小看它。雖然題目描述的規則相當簡單，但可選擇的餅乾數量卻極其龐大。而且只要稍微想一下，就會發現「若無法達成條件，就盡可能多拿」這一條本能，讓題目的難度攀升到了堪稱邪惡的境界。

我在此先聲明，這題真的非常難。想求出答案，就需要極度堅強的意志力。但也正因如此，求出答案時將能得到無與倫比的爽快感與成就感。遊戲的策略看似單純，但由此衍生出的複雜結果，你有把握能全部推論出來嗎？

提示1 先從「極端的數字」或「具有特徵的數字」開始思考。
提示2 「並列第2名」也不行。
提示3 勝負在第1輪就確定。

一定要是「第2名」才行

首先，我們來整理一下題目的內容。

3人都想盡可能多拿餅乾，但不想拿『最多片數』、『最少片數』或『和他人相同的片數』。
換句話說，3人的目標不是成為第1名。
而是成為「唯一的第2名」（在這個前提下，還要盡可能多拿餅乾）。

這是3人的最大目標，就算是並列第2名也不行。
例如，我們看這個情況：

> A：2片（第2名）
> B：1片（第3名）
> C：997片（第1名）

如果最終結果是這樣，那就只有A達成了目標。
所有人都想成為「唯一的第2名」。

若無法成為「第2名」，就盡可能把餅乾全拿光

事實上，讓情況變得複雜的最大原因是第②個本能。
當無法達成①的條件時，就會不擇手段地盡可能多拿餅乾。

當有人發現「不管我怎麼做都無法成為第2名」時，他就會把當下能拿的餅乾通通拿走。就算無法獲勝，也要讓敵人難堪，真是令人敬佩的鬥爭本能。

什麼樣的情況「無法成為第1名」，我們大致能想像得出來。
但真的會有「無法成為第2名」的情況嗎？

從「極端的數字」開始推敲

接下來，我們開始思考答案。
但如果逐一推敲1000片餅乾的所有分配方式，勢必會花費過多的時間。

像這種時候，就要**從「極大數字」、「極小數字」或「邊際數字」開始下手**。
首先，我們來看看「極大數字」的情形，也就是「A一次拿走

1000片餅乾」。這種情況下的餅乾分配會變成這樣：

```
A：1000
B：0
C：0
```

既然沒有人能拿得比A多，A當然無法成為第2名。
所以對A而言，這是一個錯誤的選擇。

……我知道這聽起來像是廢話。
就算是廢話也沒有關係。
只要能刪去一個選項，廢話也有其價值。

只拿「1片」會怎麼樣？

接著，我們來看「極小的數字」，A只拿「1片餅乾」的情形。

此時，B就不能拿2片以上的餅乾。
因為如果拿了2片以上，B就會變成第1名。
假設B真的拿了2片以上，之後C肯定只會拿1片。
那接下來A與C都只會拿1片，B就會被固定在第1名的位置。
所以，若A只拿1片，B也只會拿1片。

接下來的C，也無法拿2片以上的餅乾。
理由和B一樣，若拿2片以上的餅乾，最後就會是第1名。
因此，C也只會拿1片。

```
A：1          A：1          A：1
B：           B：1          B：1
C：           C：           C：1
剩餘：999     剩餘：998     剩餘：997
```

接著輪到A的回合，由於所有人都只能拿1片（若比前一人多拿就會成為第1名），最終結果就會變成這樣：

```
A：333
B：333
C：333
剩餘：1
```

接下來輪到A行動，由於題目規定：
「每次必須拿取1片以上的餅乾。」

因此，A會拿走最後1片，餅乾的總數變成第1名。
沒有成為「第2名」，A輸了。
A當然已經預料到這種結果，所以「開局只拿1片餅乾」對A來說也是一個錯誤的選擇。

「333片」似乎有機會……

「我們已經檢驗過「極大數字」和「極小數字」的情況。
接著，我們來看看「邊際數字」。
1000除以3得到333.333……

我相信許多讀者應該早已猜到「重點可能在這個數字附近」。

首先,我們假設「A拿333片餅乾」的情況。這時的分配情形是:

```
A:333
B:
C:
剩餘:667
```

接下來拿餅乾的B,理論上可能採取以下幾種行動:

```
比A多拿=「334片以上的餅乾」
與A同樣多=「333片餅乾」
比A少拿=「332片以下的餅乾」
```

之後,我們分別推導接下來這幾種情況。

A「333片」→B「334片以上」的情況

若B拿334片以上,剩餘就會在333片以下。
接著輪到C時,無論如何C都無法成為第2名。
如此一來,C的本能②會被觸發,拿走剩下的全部餅乾。

於是B就成了第1名。
B能預測到這種結果,所以絕對不會這麼做。

A「333片」→B「333片」的情況

接著,我們假設B也拿了333片。
剩下的餅乾變成334片。

C若拿334片，就成了第1名，所以C絕對不會這麼做。
C若拿333片，則剩餘1片留給A，而B與C都會是第2名。
由於目標是成為「唯一的第2名」，所以C也不會選這條路。

C比較可能的做法，是拿332片（比A少1片）。
場上剩餘2片，接著輪到A。
A在此時已經明白自己無法成為第2名，於是本能②被觸發，直接將剩餘2片全拿走。
如此一來，B就是第2名（贏家）。
C能事先預期這種結果，所以同樣不會選擇332片。

那C若拿331片以下，又會如何呢？
這種情況下，A與B都是333片，雙方都會避免超越對方，因此接下來都只會拿1片。
但兩人還要避免雙方數量相同，所以終究會分出數量的高下。
結果A和B成為第1、2名，C則是第3名。
所以C也不會選擇331片以下。

結論是一旦B拿333片，C就再也沒有成為第2名的手段。
意識到這一點的C會啟動本能②，把剩下的334片通通拿走。

結果A與B同為333片。
B依然無法成為「唯一的第2名」，因此B不會選「333片」。

A「333片」→B「332片以下」的情況

接著，我們來推敲若B拿332片以下，會有什麼結果。
如果B拿332片以下，接下來C會拿332片（比A少1片）。

於是C會成為第2名（贏家）。
另外還有一種情況，那就是沒有贏家。

舉例來說，B拿了300片。
剩餘367片。
C拿332片，剩下35片。
由於依照規定，每次至少得拿1片，A就算每次只拿1片，C也會為了維持第2名的立場而只拿1片，因此雙方的差距不會改變。
A預期自己無法成為第2名，就會啟動本能②，把剩餘的35片全部拿走。
最終C以第2名獲勝。

綜合上述推論，若A一開始就拿333片，B或C的後續操作都能阻止A成為第2名。
換句話說，A沒有勝算。

A「必輸無疑」的數量

以上我們已經論證A若拿333片，絕對不可能贏。
事實上，A只要拿333片以下，結果都是一樣的。
因為不管A拿多少，只要少於333片，B與C都會做出與前述類似的操作。
B與C可以自由選擇拿得「比A多」、「比A少」或「一樣多」。
所以不管A拿了之後剩下多少餅乾，由於拿餅乾的順序是固定的，B與C一定有辦法讓A的餅乾數量最多。

推導到這裡，我們終於得到了第一個明確的結論：
A只要拿333片以下的餅乾就會輸。

A拿「335片以上」的情況

那麼，我們就來思考看看，A若拿335片餅乾會變成什麼樣的情況吧。

我在這裡先跳過了「A拿334片」，聰明的讀者應該已經猜到了答案，但推論的過程相當重要，還請耐著性子讀下去。

在這種情況下，既不想當第1名也不想當第3名的B，當然會選擇比A少1片的334片餅乾。

如此一來，C只剩下331片。
C將察覺到自己無法成為「第2名」，於是依照本能②拿走剩餘的331片。
此時3人的餅乾數量分配如下：

A：335
B：334
C：331

第2名的B成為贏家。
由此可知，A若拿335片，就一定會輸。

更重要的是A就算拿超過335片，也會得到同樣的結果。
因為B只要拿比A少1片的數量就行了。
換句話說，只要A拿335片以上，就注定會落敗。

A應該拿「334片」

「A拿的數量既不能在333片以下,也不能在335片以上,那麼,答案就是334片!」

是的,沒錯。不過題目還問了另一個問題:
「若A獲勝,B與C分別會拿到多少片?」
這部分還沒解決。
所以問題還沒結束,讓我們繼續推敲下去。

事實上,從這裡開始才是最複雜的部分。

A「334片」→B「333片」的情況

假設A先拿「334片」餅乾,接著B會拿多少?我們逐一分析各種情況。

首先看如果B想「讓A成為第1名,自己當第2名」,所以拿「333片」餅乾的情況。這時留給C的餅乾剩333片。然而在這個時候,C已經不可能成為「唯一的第2名」。
於是C啟動本能②,一次拿光剩下的333片。

這段過程與結果如下:

```
A：334              A：334
B：333       ➡      B：333
C：                 C：333
剩餘：333
```

B與C同為第2名，兩人都沒有成為「唯一的第2名」。
所以如果A拿「334片」，B一旦拿「333片」，B就贏不了了。

A「334片」→ B「334片以上」的情況

再看A拿「334片」時，B若拿「334片」或「335片以上」的情況。

```
A：334              A：334
B：334              B：335
C：332              C：331
```

B不管拿334片或335片以上，都無法成為第2名。
換句話說，A拿「334片」時，B一旦拿「334片以上」，就會落敗。

A「334片」→ B「332片以下」的情況

那麼，A拿「334片」時，B如果拿「332片」時，又會是什麼情況呢？
此時C可以拿333片，成為第2名。
而A會拿走剩下的1片。

```
A：334              A：334              A：334＋1（第1名）
B：332       →      B：332       →      B：332（第3名）
C：?                C：333              C：333（第2名）
剩餘：334           剩餘：1
```

由此可知，如果B拿332片，C就會變成第2名（贏家）。
就算B拿的數量少於332片，情況也一樣。
即使B拿不到332片，C也一定會拿333片。

> A：334（第1名）
> B：未滿332片（第3名）
> C：333（第2名）
> 剩餘：（333 － B拿的片數）

結果就是C會維持比A少1片、比B多一些的片數，因此最後還是第2名（贏家）。
換句話說，當A拿「334片」時，B若拿「332片以下」，就注定會輸。

「走投無路」的B

綜合以上幾點，當A拿「334片」時，B將面臨以下狀況：

> - 拿333片會輸
> - 拿334片以上會輸
> - 拿332片以下會輸

不管拿幾片，結果都是輸。
B無論怎麼做，都無法成為第2名。領悟到這一點的B，依照本能②將剩餘所有的餅乾（666片）一口氣拿走。
所以最終的分配情況如下頁：

A：334片（第2名）
B：666片（第1名）
C：0片（第3名）

答案 ｜ A只要最初拿「334片」餅乾，
就能篤定成為第2名。
B可以拿到的數量是「666片」，
C可以拿到的數量是「0片」。

總結 這一題看似簡單，其實相當困難。幸好借助邏輯推導的力量，完成了這個幾乎不可能的任務。這題的經驗告訴我們，只要學會推敲他人的思路，就有可能在問題發生的初期，操控他人的行動。

這道題目同樣出自美國國家安全局（NSA）。不愧是世界最頂尖的菁英團隊，題目設定簡單，內涵卻深不可測。而且只要看了解說就會發現，解題的技巧除了「多元思考」之外，還包含了「情況區分」、「抽象化」、「化繁為簡」、「假設」、「雙層假設」及「預判」，幾乎囊括了我在前面介紹的所有思維模式。稱它是邏輯思考的最高境界，一點也不為過。

POINT

- 只要結合各種邏輯思考方法，並且按部就班地進行邏輯推導，就算是看似不可能的問題，也能迎刃而解。

第 6 章

最初的邂逅

讓我大受感動的問題

最後要介紹的這道題目，
其難度在所有邏輯思考問題中堪稱「最高境界」，
幾乎已經到了常人難以想像的程度。
然而正因為問題如此艱深，
解謎的過程必定宛如偵探小說精彩。
真相水落石出的那一瞬間，
心中的爽快感肯定是筆墨難以形容。

事實上，這道題目也是
「最令我感動」的邏輯思考問題。
在我重考那一年，我首次邂逅了這道問題，
內心受到的震撼實在是難以言喻。

當然剛開始的時候，我也解不出來。
但是當我發現，一道貌似絕對無解的難題，
竟然能夠僅憑題目所提示的線索與邏輯思維就解開時，
剎那間，強烈的衝擊幾乎讓我合不攏嘴。

我的心中迸出了一道聲音：
「邏輯思考真是太有趣了！」

從那天起，我便展開了一趟「網羅邏輯思考題之旅」。
時至今日，雖然已過了10年以上，
但我內心依然留存著當時的感動與初衷，
那份熱情始終緊緊抓著我不放。
我希望能在本書的最後，
讓大家也體驗這種熱血沸騰的感動。

請盡情享受這場最高境界的知性娛樂吧。

將所有的邏輯思維
發揮至淋漓盡致

難易度 ★★★★★ + ★★★★★

石像之室

23個人被困在一座宅邸裡。
宅邸內有一間「石像之室」。
裡面擺著一座石像，面向東、西、南、北其中一個方向。
23人各自被關在不同的房間裡，無法互相聯繫。
惡魔會隨機從這23人中挑選1人，召喚到石像之室。
挑選的對象和時機毫無規律性，
同一個人有可能連續被召喚。
只要等得夠久，理論上每一個人都會被召喚，
但是誰也不知道到底要等待多久才算是「夠久」。
當然，誰也不知道誰曾經在什麼時候受到召喚。

被召喚到石像之室的人，必須在下列3個動作中擇一執行：
①將石像向左轉90度。
②將石像向右轉90度。
③打碎石像。

若轉動石像，那個人會被送回自己的房間。
接著惡魔會召喚下一個人，同樣要求他執行1～3其中一個動作。
若打碎石像，只要曾經進過石像之室的人，全部都能獲得釋放。

**請問要確保所有人都能被釋放，
需要採用什麼樣的策略？**

23人事先知悉這些規則，而且可以在開始前討論策略。
另外，23人都不知道石像最初面朝哪個方向。

| 解説 | 光看題目的長度與複雜度，就知道這題絕非等閒之輩。但只要發揮靈感與邏輯思維能力，絕對能夠獲得最後勝利。

為了那些想靠自己的力量挑戰這道難題的勇者，我準備了不少提示。本題存在一個精妙絕倫的答案，請盡量堅持下去，多花些時間思考。相信當你解出或看完答案之後，一定會嚐到有如醍醐灌頂的舒暢滋味。

| 提示1 | 雖然石像的「方向」共有4種，但石像的「轉動模式」其實沒那麼多。
| 提示2 | 可將23人分為「石像破壞者」1名，與「其他」22名。
| 提示3 | 石像的「狀態」可以歸納為2種，而能夠傳遞的訊息也只有2種。
| 提示4 | 「石像破壞者」進入石像之室時，必須進行某種「計數」。
| 提示5 | 「石像破壞者」在計數達到「某個數字」時，必須打碎石像。
| 提示6 | 有些人會多次進入石像之室，而有些人可能只會進入1次。

為了讓23人獲得釋放

首先，讓我們逐一確認題目的複雜狀況。

23人的目標，是讓所有人都被釋放。
所以必須在「確定23人都曾進入過石像之室」之後，才能打碎石像。
為了實現這個目標，必須克服什麼樣的困難？
我們先來看看23人所面臨的狀況。

23人各自被關在不同的房間裡，無法互相聯繫。
惡魔會隨機從這23人中挑選1人，召喚到石像之室。

當然，誰也不知道誰曾經在什麼時候受到召喚。
23人事先知悉這些規則，而且可以在開始前討論策略。

想要讓所有人都獲得釋放，就必須向其他人傳達「我曾進入過石像之室」這個訊息。然而一旦開始行動，23人便互相無法彼此進行交流。
能想辦法留下訊息的場所只有一處。
那就是**石像之室**。

石像之室的特徵

「石像之室」有什麼特徵？

「石像之室」裡面擺著一座石像，面向東、西、南、北其中一個方向。
被召喚到石像之室的人，必須在下列3個動作中擇一執行：
①將石像向左轉90度。
②將石像向右轉90度。
③打碎石像。

23人必須在石像可能朝向東、西、南、北任一方向的情況下，**選擇「讓石像轉90度」或「打碎石像」**。
有沒有可能透過這個操作，把訊息傳遞給其他人？

「召喚」的特徵

最後，我們來看最棘手的「召喚」機制。

挑選的對象和時機毫無規律性，同一個人有可能連續被召喚。
只要等得夠久，理論上，每一個人都會被召喚，
但是誰也不知道到底要等待多久才算是「夠久」。

只要等待夠久的時間，每個人最終都能踏入石像之室。
「既然如此，等上一個月再打碎石像總行了吧？」或許有人會這麼想。
但是1個月之後，搞不好只有4個人被召喚。

所以，不能只憑時間長短來推斷何時該打碎石像。必須透過在石像之室內的行動，確實判斷出23人都已到過石像之室。

最先要決定的事

以上，前提都已經說明完畢。接下來就讓我們一起來思考這個難題吧。

首先要決定的事情，就是**由誰來打碎石像**。
因為23人完全無法互相接觸，如果不事先決定好，恐怕會陷入「該不該由我來打碎」的遲疑，導致最終沒有人能作出判斷。
必須要有一個人能掌握整體情況，並在最後關頭採取關鍵行動。

因此我們將23人分成「**1名石像破壞者**」與「**其他22名**」。
「其他22名」的工作是宣告「我曾經進入過石像之室」。而「石像破壞者」則要確認有多少人進入過石像之室，在確信全員都已經進入過之後，打碎石像。

如何運用石像來傳遞訊息

問題是22人要如何傳達「我曾進入石像之室」的訊息？
眾人能運用的物品，只有石像之室裡的那座石像。
石像的方向有東、西、南、北4種，但進入房間的人只能選擇「向左或向右轉90度」。
換句話說，若要傳遞訊息，<u>就必須賦予這個動作特殊意義</u>。

因此，我們嘗試以2種含意，來區分石像的「東西南北」方向。
例如將石像的狀態分為「ON／OFF」2種。
就像下圖這樣。

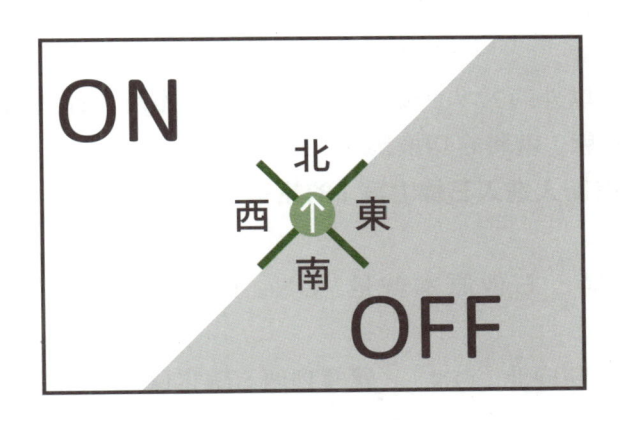

進入房間的人在第1次操作石像時，可以選擇：

> 「切換ON／OFF」
> 「不切換ON／OFF」

舉例來說，若石像朝著北方，想要「維持ON狀態」就把石像轉向西；想要「切換成OFF」就把石像轉向東。

如此一來，**轉動石像的行為便被賦予了「意義」**。
順帶一提，為什麼要將方向的意義分成「2種」？
有人或許會想：「為什麼不將4個方位都賦予意義？」。

理由很簡單，以這張圖為例，假設石像目前面向北方，**轉動者無法一口氣將石像轉到面向南方**。
即便賦予「南」某種意義，轉動者也無法表達出來。
因此只能利用石像的左右兩邊，賦予2種意義。

22 人要做的事

事先大家約定好，石像的「ON」狀態代表「有新人進入並轉動了石像」。
「破壞者」以外的22人，第一次進入石像之室時，若發現石像是「OFF」狀態，就將它切換為「ON」。
這就是**「有新人進入石像之室」的訊息**。

如果進門時，石像原本就是「ON」的狀態，那就讓它維持「ON」。
例如石像是朝向北（ON），就轉到西，讓它保持「ON」。
這麼做是為了保留「有人從OFF切到ON」的訊息。
此外，一旦某個人曾經把石像從OFF切換為ON，之後就算再次看到石像是OFF，也不再切換。

而負責接收這些訊息的人，就是「石像破壞者」。
當破壞者進入房間，若看到石像是「ON」狀態，就表示「在這之前，有人初次進入房間，並將石像從OFF切到ON」。
破壞者就會把**「ON」的次數加1**。

然後把石像重新設成「OFF」後離開房間，等待石像再次變成「ON」。

重複這個動作，直到計算的數字讓破壞者確信所有人都進過房間，破壞者才打碎石像。

石像一開始面向哪個方向？

上述策略可歸納如下：

- 破壞者以外的22人進入房間時，只要看到石像是「OFF」，就切換成「ON」。
- 如果石像已是「ON」，則維持「ON」。
- 從「OFF」切換成「ON」的動作每個人只做1次，之後即使看到石像是「OFF」，如果自己曾經做過「OFF→ON」的切換，就讓石像維持「OFF」。
- 破壞者進入房間時，如果石像是「OFF」，就維持「OFF」。如果石像是「ON」，就把它切回「OFF」並計數加1。
- 破壞者必須記住石像是「ON」的次數，當次數到達22次時，就打碎石像。

只要22人都已「向破壞者傳達自己來過」，破壞者便打碎石像。這樣的策略，似乎能保證全員都能獲得釋放。

……不過，僅憑上述策略，其實還差了一點。

這裡隱藏了本題的最大陷阱。

我們漏掉了一項要素——**那就是石像的最初狀態**。

請回想一下題目。

23人並**不知道石像最初朝著哪個方向**。
若石像一開始面向「OFF」的方向（南或東），當計數到22次時打碎石像，就能順利讓23人脫困。

但**如果石像一開始就是「ON」狀態（北或西），該怎麼辦？**
最先進入房間的人，會誤以為「已經有人把石像切換為ON」，於是保持ON的狀態。
之後其他人也會作出同樣的判斷。
當破壞者第一次來到房間時，他也會誤以為「有人將石像切到ON」，並把**次數加1**。然而，實際上22人當中還沒有人做過「OFF→ON」的操作。

這會造成什麼結果？
可能出現「還有1人沒進過石像之室，計數卻已經達到22次」的狀況。
如果此時就把石像打碎，只能拯救22人。

既然如此，乾脆直接當作「多計了1人」，把打碎石像的時機延後到計數達到23次，不就解決了嗎？

不，這樣也行不通。
如果石像的初始狀態是「OFF」，那麼，**「第23次的ON」將永遠不會到來**。
「不知道石像的最初方向」這個問題，宛如一道難以逾越的障礙一樣。

不受石像最初狀態影響的方法

無論石像一開始是OFF還是ON，都能確定「除破壞者以外的22人都確實做過一次OFF→ON的切換」。
只有一個辦法，可以符合這個條件。
既然在所有人都走1輪後，可能會漏掉1人，那麼，就讓大家走**「2輪」**。

換句話說，就是每個人都執行**2次「OFF→ON」的切換動作**。

破壞者在**計算「ON」出現次數時，只要次數達到44次，就打碎石像**。
如此一來，不管石像的最初狀態朝向哪個方向，都能保證讓所有人獲釋。
我們分別來驗證這兩種情況。

首先，假設石像的最初狀態是「OFF」。
破壞者以外的22人，各自操作2次，將石像從OFF切換為ON。
等到「ON」的次數達到44次，就能確定破壞者以外的22人全都進過房間。

接著，假設石像的初始狀態是「ON」。
破壞者在還沒有人做過「OFF→ON」的操作前，就已經先誤記了1次「ON」。
因此，破壞者以外的22人裡面，會有21人各自完成了2次「OFF→ON」，剩下1人只完成1次時，「ON」的次數就已達到44次。

破壞者便會在這個時機點打碎石像。
但那個只完成1次OFF→ON的人，畢竟也已經進過房間1次，所以確定所有人都到過石像之室。

- 破壞者以外的22人，各自執行2次的「OFF→ON」。
- 破壞者在看到石像「ON」的次數滿44次時，就打碎石像。

採用這個策略，無論石像的初始狀態如何，23人都能成功脫困。

答案

先將石像的方向分為2種，
東與南視為「OFF」，北與西視為「ON」。
然後將人員分成1名「破壞者」
與另外22名「其他人」。

非破壞者的22人進入石像房間時，
執行以下行動：
- 若石像是ON，則保持ON不變。
- 若石像是OFF，則將它切換成ON（2次）。
- 只要自己曾經做過2次OFF→ON的切換，此後無論看到石像是OFF還是ON，都保持原狀。

破壞者進入房間時，執行以下行動：
- 若石像是ON，則將計數加1，並將石像切換回OFF。
- 若石像是OFF，則不作改變。
- 當石像為ON的累計次數達到44次時，破壞石像。

如此一來，23人便能全員獲得釋放。

|總結| 我將這道題目收錄進本書時，發現了一件事，那就是它需要所有「邏輯思考問題」中會用到的思維模式。

為何能想出讓23人不是各自作決定，而是挑選1名「石像破壞者」？這需要「水平思考」。為何能想到將石像的方向分成「ON／OFF」，把它當作開關來使用？這需要「多元思考」。在發現了解法之後，仍要懷疑「這個方法真的可行嗎」，並進一步注意到石像的最初狀態的問題，這需要「批判思考」。另外還要透過石像的變化，來推測其他22人的行動，這需要「俯瞰思考」。最後，要將這些方法與觀點融合在一起，建構出一定能成功的推導過程，則需要「邏輯思考」。

雖然有人也許會覺得我在牽強附會，但我是由衷地如此認為。當初第一次遇到這道題目時，它之所以令我無比感動，大概就是因為它隱含了各種思維方式與觀點，其深奧令我為之震懾的緣故。

POINT
- 只要能夠融合各種思維方式，就能面對任何難題。
- 邏輯思考問題真是太有趣了。

結 語

邏輯思考問題
告訴我的
「真正重要的事」

謝謝你讀完本書，請允許我對你說聲「辛苦了」。相信有很多題目，都讓你抱頭苦思吧（至少我是如此）。其實，能不能靠自己解題，並沒有那麼重要。就算解不出來，只要詳細閱讀解說並理解其思維模式，經過反覆練習，直到能不看解說就解出答案，你就能在頭腦中建構起那條「思考迴路」。因此，我希望你能多多翻閱本書。

趁本書的結尾，我想向各位分享一個我在正文中尚未提到的重要經驗。那就是**因為接觸邏輯思考題，而獲得的「第6種能力」**。我在28歲那年的冬天，以社會新鮮人的身分踏入職場，只工作了6個月就辭職，接下來好幾年都窩在家裡，過著自閉的生活。有一天，我回想起曾帶給我心靈衝擊的「石像之室」，於是開始不停搜尋各種邏輯思考題。
就在那個時候，我遇見了一道問題，名為「棋盤的房間」。這道題的難度非常可怕，而且在日本還沒什麼人知道解法。

「實在是太有趣了！真的很希望讓所有人都來試一試！」
抱著這個念頭，我嘗試翻譯了一篇（疑似）該題目解法的英文文

章。但畢竟它是歷史上最強等級的超級難題，不管我再怎麼努力翻譯，還是看得似懂非懂。

「呃⋯⋯大概是這個意思吧？」
「沒錯，應該是這樣吧。我應該相信自己。」
「看來要解這題，需要相當高深的數學知識呢。」
「但如果用了太多專業術語，一般人又看不懂⋯⋯該怎麼辦？」

為了讓沒有基礎知識的人，也能體會這道題目的有趣與解法的精妙，我嘗試自己寫解說，並且貼到部落格上。
全長約2萬字，我花了整整一星期撰寫。那段日子我幾乎足不出戶，是名副其實的「整整一週」都花在這件事上。
這篇文章成了我在部落格上首次介紹邏輯思考問題的作品，所幸獲得不錯的評價，部落格也因此變得小有名氣。感興趣的朋友，只要掃右側的QR碼，就可以連結到那篇文章（此篇為日文）。

當回頭看時，我已掌握了「某種力量」

我充分運用了閉門造車的特性，將全部時間都投入在撰寫文章上。結束之後，我才發現自己獲得了一種不可思議的力量。

那就是，「不輕言放棄的力量」。

過去的我，總是在每件事上選擇逃避。
剛畢業進公司上班，6個月就辭職，後來的打工也只做了4個月。原本已經離家獨居，卻在撐了3個月之後就逃回老家。
我也嘗試做過勞動工作，結果一天就放棄了，連薪水都沒拿就逃

之夭夭。連在度假村打工時，也給周圍的人添了不少麻煩，而且只做1個月就離職了，真可說是個不折不扣的薪水小偷。

對我來說，花整整一週解決一個難題，是幾乎從未有過的經驗。這段經驗告訴我，就算一開始覺得這根本不可能，只要不管三七二十一先動手做，並努力鑽研下去，總有一天能找到答案。

有了這次經驗之後，我就不再逃避工作。
再次回到度假村打工，我做滿了4個月的約定期間。隔年，進入了一家新創廣告代理公司。工作3年下來，我為公司創造了約1億元的個人業績。
當然，能取得這樣的成果，也要感謝同事們的幫助。沒有一件事是我能夠獨力達成的。但至少從我自己的立場來看，正因為在那道難題上花了許多心力，才練就了「不輕言放棄的力量」。對我來說，那是改變人生的一次重大事件。

一切的基礎在於「不放棄」

我深刻感受到，社會越來越講求「如何用最快的速度得到正確答案」。正因為這種風氣，才會產生「效率至上」之類的說法。
遇到問題就先上網搜尋，找找前例，或是尋找該領域的專家。相關書籍也很容易取得，甚至不需要花時間詳細閱讀，只要看大綱或影片就夠了。
更誇張的是，有些人連搜尋的動作都懶得做，一切問AI就好了。通往答案的路程，被壓縮到令人驚訝的程度。

在這樣的時代，或許有人覺得「花時間思考『正確答案』並不明智」、「能多快查到答案才重要」。

便利的工具應該善加利用,這點確實沒有錯。我自己也每天都依賴網路和AI。然而,過度依賴的結果,就是我們越來越擅長「查」解答,但「想」解答的能力似乎在退化。也就是永不放棄、堅持到底的力量。

正因如此,賓夕法尼亞大學心理學家安吉拉・達克沃斯(Angela Duckworth)所提出的「恆毅力」(GRIT),才會在近年的商業界備受矚目。

在這個「速食答案」唾手可得的時代,我們不能一味尋求他人提供的解方,不能逃避眼前的問題,更需要的是能堅持到底,絕不輕言放棄的力量。

「別人的答案」並不一定等同於「自己的答案」。當面對沒有標準答案的難題時,我們終究得依靠自己的雙手,找出專屬於自己的答案。這不僅需要思考力,也需要「不放棄思考」的能力。

能夠讀到本書這一頁的讀者們,相信都已培養出了這種「不放棄思考」的能力。這會成為一股重要支柱,支撐你繼續走在這個變幻莫測的時代。

本書也是「不放棄」的結晶

其實,本書能順利完成,也是多虧了「不放棄」的力量。我與本書責編石井一穗先生相遇是在2018年的夏天,那時他還在另一家出版社上班,他注意到我的部落格,主動聯繫我詢問出書的意願。可惜過程一波三折,始終沒能順利出版。

不過石井先生並未氣餒,之後他歷經多次轉職,最後進入鑽石社之後,仍舊「沒有放棄」為我出版。歷經數年來的奔走,終於讓本書順利付梓,實在令我深深感謝。

此外，我也對所有為本書提供協助的各界人士心懷感恩。

感謝設計事務所tobufune，將「邏輯思考題」這個新穎的主題，設計得能夠廣為商業人士所接受。感謝插畫家HAZAMA CHIHIRO老師，繪製了這麼多淺顯易懂又有趣的插圖。感謝後製員茂呂田先生，每次修改內容都能迅速應對。感謝校對公司圓水社，沒有排斥本書的艱澀內容，願意協助確認我的解說是否符合「邏輯思維」。請容我在此致上由衷的謝意。

最後，我也要向閱讀到這裡的讀者，致上最深的感謝。正因為你一路堅持到最後，這本書才得以真正發揮它的意義。請接受我最衷心的感謝之意。

世界上最困難的問題？

………不好意思，最後我還想說一件事。

雖然這可能和我前面強調的「不放棄的力量」有些矛盾，但這件事同樣相當重要，希望你能再花一點時間聽我說明。

這起事件肇始2018年的中國。四川省南充市順慶區某國小舉行的五年級數學考試中的一道題目，在世界各地掀起了一陣騷動。讓我們先來看看這道題目，試試你能不能解得開。

一艘船上有26隻綿羊和10隻山羊，請問船長幾歲？

我先聲明，題目真的長這樣，並不是打錯了字。

乍看之下，這的確是一道莫名其妙的問題。不管是考場內的小學生，還是透過新聞得知此事的民眾，都對這道過於簡短（而且神奇）的題目感到困惑。這是什麼鬼問題？答案到底是什麼呢？

當時參加這場考試的一名小學生,寫下了這樣的答案:
「船長大於18歲,因為未成年無法開貨船。」

在中國最大社群媒體微博上,有一名使用者這樣回答:
「經估算,26頭綿羊和10頭山羊的總重約為7700公斤。在中國,操作5000公斤噸位以上的船隻,船長至少持照5年以上。又因為考取相關證件的人員需年滿23歲。故船長至少28歲。」

兩個答案都很有說服力,但都無法精準推斷船長的年齡。那麼,究竟正確答案是什麼呢?
正確答案其實是:**不知道**。

在題目的陳述文字裡,完全沒有提及任何關於船長年齡的訊息,所以根本無法得出解答。因此「不知道」或「訊息不足以導出答案」才是最符合邏輯的答案。

設法為「無解題」找出答案是人的天性

事實上在1979年,法國的一名學者就曾出過一模一樣的題目,給當時就讀小學一、二年級的學生嘗試作答。
正確答案當然是「訊息不足」或「不知道」,沒想到**竟有超過75%的小學生回答「26＋10＝36歲」**。他們藉由題目中出現的數字,炮製出一個「煞有其事」的答案。
我們若將歷史再往前溯源,在1841年,著有《包法利夫人》(Madame Bovary)的知名小說家居斯塔夫・福樓拜(Gustave Flaubert),在他寄給妹妹卡羅琳的信中,曾提到過前述題目的原型。

「羊群裡有125頭羊和5條狗。牧羊人的年齡是幾歲？」

據說有人出了這題給學生作答，多數學生都做了以下的推論。

「125＋5＝130歲←太老了」
「125－5＝120歲←還是太老了」
「125÷5＝25歲←這年齡挺合理」

於是學生大多寫下了「牧羊人25歲」這個答案。同樣的問題，拿給法國、德國、瑞士的學生作答，結果也大同小異。
為什麼要出這種「明顯無法解答」的問題呢？在數學考卷上出了前述船長問題的順慶教育局，做出了以下說明。

「有調查表明，我國小學生普遍缺乏對數學問題的質疑意識、批判意識和獨立思考的能力。」「本題是很好的開放性問題，給孩子們不設限的發揮，沒有唯一答案而且也不存在所謂的標準答案。每一個孩子都能按照各自的思維方式、對現實的認知和思考，給予一個屬於自己的答案。」

絕大多數學生嘗試「解決」這道毫無意義的問題，大多都是基於以下心態：
「這是道數學題，一定會有答案。」
「既然如此，就只能用題目裡的訊息來推導出答案。」

的確在大多數的考試當中，上述邏輯是成立的。
然而在現實世界裡，並非所有問題都有預設答案。有時遇到不合常理的問題時，「無法作答」反而才是答案。前述的「無解題」，正是用來教導我們面對真正的現實。

擁有回答「不知道」的勇氣

每個人一從學校畢業，進入廣大的社會，必定都會面臨無數問題的考驗。多數人往往會認定「一定有解決辦法」、「無論如何都要找到辦法」、「若找不到辦法，就是我的錯」。

當然如果遇到問題就選擇逃避，人生會像過去的我一樣裹足不前、畫地自限。願意花時間思考及耐心嘗試，是很重要的心態。

然而，許多人都犯了一個比「放棄思考」更糟糕的錯誤。

那就是「勉強湊出答案」。

考試的時候，這樣的做法頂多是被多扣幾分。但在現實世界裡，若勉強做出錯誤決策，可能會帶來無法挽回的後果。

若經過審慎思考之後，結果仍是「不知道」，那就表示「不知道」才是合理的結論。千萬別以「一定有答案」、「怎麼會沒答案」為由，用不合邏輯的結論強行覆蓋合理的結論。當你絞盡腦汁卻仍然沒有頭緒時，那並不代表你放棄思考，而是你得出了「不知道」這個答案。

我認為在這個充滿不確定性的時代，能夠坦然接受「不知道」的勇氣同樣非常重要。

前述的「船長幾歲」那道問題，讓我們體會了回答「不知道」是一件多麼困難的事。

同時，它也提醒了我們，要在這個複雜而嚴峻的世界生存下去，必須具備一項最重要的武器──能夠幫助我們跳脫種種刻板印象與常識陷阱，正確分析問題並找出最適解的思維模式。

也就是名為「邏輯」的強大武器。

參考文獻

- 《這個數學謎題，你解得開嗎？》，Alex Bellos著／水谷淳譯（2018年），SB創意株式會社。
- 《數與圖形的謎題百科》，宮崎興二編譯／日野雅之、鈴木廣隆譯（2017年），丸善出版。
- 《珍藏的數學謎題》，Peter Winkler著／坂井公、岩澤宏和、小副川健譯（2011年），日本評論社。
- 《續珍藏的數學謎題》，Peter Winkler著／坂井公、岩澤宏和、小副川健譯（2012年），日本評論社。
- 《Google想要的聰明頭腦的打造方式》，William Poundstone著／桃井綠美子譯（2012年），青土社。
- 《明斯克的驟雨》，尤里·契爾尼亞克、羅伯特·羅斯著／原辰次、岩崎徹也譯（1996年），翔泳社。
- 《謎題 謎題 謎題》，藤村幸三郎著（1976年），鑽石社。
- 《圖靈與超級謎題》，田中一之著（2013年），東京大學出版會。
- 《超超難題數理謎題》，蘆原伸之著（2002年），講談社。
- 《斯穆里安的究極邏輯謎題》，Raymond Smullyan著／長尾確、長尾加壽惠譯（2008年），白揚社。
- 《傑作！物理謎題50》，Paul G Hewitt作／松森靖夫編譯（2011年），講談社。
- 《行動經濟學經濟以「感情」在活動》，友野典男著（2006年），光文社。
- 《悖論》，瑪格麗特·卡翁佐著／高橋昌一郎監修／增田千苗譯（2019年），牛頓出版社。
- 《頭腦體操第1集》，多湖輝著（1999年），光文社。
- 《世界的名作數理謎題100》，中村義作著（2017年），講談社。
- 《威爾斯數理謎題358》，D 威爾斯著／宮崎興二監譯／日野雅之譯（2020年），丸善出版。
- 《鍛鍊智力的究極謎題》，Dick Hess著／小谷善行譯（2014年），日本評論社。

參考網站

- Bellos, Alex.（2016, March28）. *Did you solveit? The logic question almost everyone gets wrong*. The Guardian. https://www.theguardian.com/science/2016/mar/28/did-you-solve-it-the-logic-question-almost-everyone-gets-wrong
- Bellos, Alex.（2016, October10）. *Did you solve it? The pingpong puzzle*. The Guardian. https://www.theguardian.com/science/2016/oct/10/did-you-solve-it-the-ping-pong-puzzle
- Bellos, Alex.（2017, June19）. *Did you solve it? Pythagoras's best puzzles*. The Guardian. https://www.theguardian.com/science/2017/jun/19/did-you-solve-it-pythagorass-best-puzzles
- Bellos, Alex.（2017, November20）. *Did you solve it? This apple teaser is hard core!*. The Guardian. https://www.theguardian.com/science/2017/nov/20/did-you-solve-it-this-apple-teaser-is-hard-core
- Bennett, Jay.（2017, July14）. *Riddle of the Week #32:Adam & Eve Play Rock-Paper-Scissors*. POPULAR MECHANICS. https://www.popularmechanics.com/science/math/a27293/riddle-of-the-week-rock-paperscissors/
- Coldwell, Nigel.（fornodate）. *Answer to Puzzle #37:An Aeroplane Takes a Round-trip in the Wind*. A Collection of Quant Riddles With Answers. http://puzzles.nigelcoldwell.co.uk/thirtyseven.htm
- Coldwell, Nigel.（for no date）. *Answer to Puzzle #59: 25 Horses, Find the Fastest 3*. A Collection of Quant Riddles With Answers. https://puzzles.nigelcoldwell.co.uk/fiftynine.htm
- Data Genetics.（for no date）.*Bizarre gunman and the colored dots*. Logic Puzzle. http://datagenetics.com/blog/october22012/index.html

- Den, Braian. (for no date).*MASTERS OF LOGIC PUZZLES (STAMPS)*. LOGIC PUZZLES. http://brainden.com/logic-puzzles.htm
- Doorknob. (2015, May12). *The Sheikh dies*. Puzzling Stack Exchange. https://puzzling.stackexchange.com/questions/2602/the-sheikh-dies
- Geeks for Geeks. (2023, January18). *Puzzle 63/Paper ball and three friends*. https://www.geeksforgeeks.org/puzzle-paper-ball-and-three-friends/
- Geeks for Geeks. (2023, June27).*Puzzle 2/ (Find ages of daughters)*. https://www.geeksforgeeks.org/puzzle-2-find-ages-of-daughters/
- Geeks for Geeks. (2023, September18). *Puzzle/ Black and White Balls*. https://www.geeksforgeeks.org/puzzle-black-white-balls/
- Geeks for Geeks. (2023, November21).*Puzzle1/ (How to Measure 45 Minutes Using Two Identical Wires)*. https://www.geeksforgeeks.org/puzzle-1-how-to-measure-45-minutes-using-two-identical-wires/
- Gonzalez, Robbie. (2014, October12).*Can You Solve The World's (Other) Hardest Logic Puzzle?*. GIZMODO. https://gizmodo.com/can-you-solve-the-worlds-other-hardest-logic-puzzle-1645422530
- Khovanova, Tanya. (2016,June4). *Who is Guilty?*. Tanya Khovanova's Math Blog. https://blog.tanyakhovanova.com/2016/06/who-is-guilty/
- Morton, Evan. (1999,September1). *Ponder This*. IBM. https://research.ibm.com/haifa/ponderthis/challenges/September1999.html
- NSA. https://www.nsa.gov/
- Pleacher, David. (2005, September5). *The Cross Country Meet*. Mr. P's Math Page. https://www.pleacher.com/mp/probweek/p2005/a090505.html
- Pleacher, David. (2005, November7). *What Day of the Week is it? From Car Talk*. Mr. P's Math Page. https://www.pleacher.com/mp/probweek/p2005/ma110705.html
- Simbs. (2018, January16). *Who stole the flying car in Hogwarts?*. Puzzling Stack Exchange. https://puzzling.stackexchange.com/questions/59276/who-stole-the-flying-car-in-hogwarts
- Talwalkar, Presh. (2017, January8). *Can you solve the apples and oranges riddle*. Mind Your Decisions. https://mindyourdecisions.com/blog/2017/01/08/can-you-solve-the-apples-and-oranges-riddle-the-mislabeled-boxes-interview-question-sunday-puzzle/#more-19303
- Talwalkar, Presh. (2017, June18). *The Seemingly Impossible Guess The Number Logic Puzzle*. Mind Your Decisions. https://mindyourdecisions.com/blog/2017/06/18/the-seemingly-impossible-guess-the-number-logic-puzzle/
- Talwalkar, Presh. (2017, July9). *Can You Solve The Hiding Cat Puzzle? Tech Interview Question*. You're your Decisions. https://mindyourdecisions.com/blog/2017/07/09/can-you-solve-the-hiding-cat-puzzle-tech-interview-question/
- Talwalkar, Presh. (2017, August6).*The "Impossible" Handshake Logic Puzzle. A Martin Gardner Classic*. You're your Decisions. https://mindyourdecisions.com/blog/2017/08/06/the-impossible-handshake-logic-puzzle-a-martin-gardner-classic/
- universe. laws. (2018). *Can You Solve The Cat In The Box Logic Puzzle?*. steemit.https://steemit.com/logic/@universe.laws/can-you-solve-the-cat-in-the-box-logic-puzzle
- UNIVERSIDADE D COIMBRA. (for no date). *Projecto Delfos Colecção de Problemas das Olimpíadas Russas*. http://www.mat.uc.pt/~delfos/PROB-RUSSIA.pdf
- Wikipedia. (for no date).*Ten-Hat Variant with out Hearing*. Induction puzzles. https://en.wikipedia.org/wiki/Induction_puzzles#Ten-Hat_Variant
- Wikipedia. (for no date). *Balance puzzle*. Balance puzzle. https://en.wikipedia.org/wiki/Balance_puzzle

頭腦好的人才解得開的邏輯思考題
頭のいい人だけが解ける論理的思考問題

作　　者｜野村裕之 Hiroyuki Nomura
譯　　者｜李彥樺

責任編輯｜李雅蓁 Maki Lee
責任行銷｜朱韻淑 Vina Ju
封面裝幀｜木木 Lin
版面構成｜譚思敏 Emma Tan
校　　對｜葉怡慧 Carol Yeh

發 行 人｜林隆奮 Frank Lin
社　　長｜蘇國林 Green Su

總 編 輯｜葉怡慧 Carol Yeh
日文主編｜許世璇 Kylie Hsu
行銷經理｜朱韻淑 Vina Ju
業務處長｜吳宗庭 Tim Wu
業務主任｜鍾依娟 Irina Chung
　　　　　林裴瑤 Sandy Lin
業務秘書｜陳曉琪 Angel Chen
　　　　　莊皓雯 Gia Chuang

發行公司｜悅知文化　精誠資訊股份有限公司
地　　址｜105台北市松山區復興北路99號12樓
專　　線｜(02) 2719-8811
傳　　真｜(02) 2719-7980
網　　址｜http://www.delightpress.com.tw
客服信箱｜cs@delightpress.com.tw
ISBN：978-626-7537-89-3
一版一刷｜2025年04月
　　四刷｜2025年08月
建議售價｜新台幣480元

本書若有缺頁、破損或裝訂錯誤，請寄回更換
Printed in Taiwan

國家圖書館出版品預行編目資料

頭腦好的人才解得開的邏輯思考題／野村裕之
著；李彥樺譯. -- 一版. -- 臺北市：悅知文化精誠
資訊股份有限公司, 2025.04
352面；14.8×21公分
譯自：頭のいい人だけが解ける論理的思考問題
ISBN 978-626-7537-89-3（平裝）
1.CST: 邏輯 2.CST: 思維方法
176.4　　　　　　　　　　　　　　　114003506

建議分類｜商業理財

著作權聲明

本書之封面、內文、編排等著作權或其他智慧財產權均屬精誠資訊股份有限公司所有或授權精誠資訊股份有限公司為合法之權利使用人，未經書面授權同意，不得以任何形式轉載、複製、引用於任何平面或電子網路。

商標聲明

書中所引用之商標及產品名稱分屬於其原合法註冊公司所有，使用者未取得書面許可，不得以任何形式予以變更、重製、出版、轉載、散佈或傳播，違者依法追究責任。

版權所有　翻印必究

ATAMA NO IIHITO DAKE GA TOKERU RONRI TEKI SHIKOU MONDAI
by Hiroyuki Nomura
Copyright © 2024 Hiroyuki Nomura
Complex Chinese translation copyright ©2025 by SYSTEX Co.Ltd.
All rights reserved.
Original Japanese language edition published by Diamond, Inc.
Complex Chinese translation rights arranged with Diamond, Inc.
Through Future View Technology Ltd.